Thomas Jakobs

Verbriefungen im Fokus der Bankenaufsicht

Rückschlüsse aus der Finanzmarktkrise

igel Verlag
RWS

Jakobs, Thomas: Verbriefungen im Fokus der Bankenaufsicht: Rückschlüsse aus der Finanzmarktkrise, Hamburg, Igel Verlag RWS 2014

Buch-ISBN: 978-3-95485-087-7
PDF-eBook-ISBN: 978-3-95485-587-2
Druck/Herstellung: Igel Verlag RWS, Hamburg, 2014

Bibliografische Information der Deutschen Nationalbibliothek:
Die Deutsche Nationalbibliothek verzeichnet diese Publikation in der Deutschen Nationalbibliografie; detaillierte bibliografische Daten sind im Internet über http://dnb.d-nb.de abrufbar.

Hermannstal 119k, 22119 Hamburg
http://www.diplomica.de, Hamburg 2014
Printed in Germany

Inhaltsverzeichnis

Abkürzungsverzeichnis

A

ABCP	Asset-Backed Commercial Papers
ABS	Asset-Backed Securities
Abs.	Absatz
AG	Aktiengesellschaft
Art.	Artikel
AT	Allgemeiner Teil (abgekürzt in den MaRisk)
Aufl.	Auflage

B

BaFin	Bundesanstalt für Finanzdienstleistungsaufsicht
BAKred	Bundesaufsichtsamt für das Kreditwesen
BANK	Lehrstuhlbibliothek des Lehrstuhls für Betriebswirtschaftslehre, insb. Bankbetriebslehre, Uni.-Prof. Dr. Hartmut Bieg
Basel II	Die neue Baseler Eigenkapitalvereinbarung
BAV	Bundesaufsichtsamt für das Versicherungswesen
BAWe	Bundesaufsichtsamt für den Wertpapierhandel
BB	Betriebsberater (Die Zeitschrift)
Bd.	Band
BGB	Bürgerliches Gesetzbuch
BIS	Bank for International Settlements (Bank für Internationalen Zahlungsausgleich)
BLI	Lehrstuhlbibliothek des Lehrstuhls für Betriebswirtschaftslehre, insb. Betriebswirtschaftliche Steuerlehre, Uni.-Prof. Dr. Karlheinz Kußmaul
BP	BankPraktiker (Die Zeitschrift)
bspw.	beispielsweise
bzgl.	bezüglich
bzw.	beziehungsweise

C

CBO	Collateralized Bond Obligations
CCF	Credit Conversion Factor
CDO	Collateralized Debt Obligations
CLO	Collateralized Loan Obligations
CMBS	Commercial Mortgage-Backed Securities
Corp.	Corporation
CRD	Capital Requirements Directive
CSO	Collateralized Synthetic Obligations

D

d. h.	das heißt
DEJ	Deutsches Europäisches Juridicum der Universität des Saarlandes
Diss.	Dissertation
DIW	Deutsches Institut für Wirtschaftsforschung, Berlin

E

e. V.	eingetragener Verein
EAD	Exposure at Default
EG	Europäische Gemeinschaft
EMEA	Europe-Middle East-Africa
engl.	englisch
EU	Europäische Union
EWR	Europäischer Wirtschaftsraum
EZB	Europäische Zentralbank

F

FAZ	Frankfurter Allgemeine Zeitung
FB	Finanzbetrieb (Die Zeitschrift)
ff.	fortfolgende (Seiten)
FHZW	Bibliothek der Fachhochschule Kaiserslautern, Standort Zweibrücken
Fitch	Fitch Ratings Ltd.
FLF	Finanzierung, Leasing, Factoring (Die Zeitschrift)

FLP	First Loss Piece
Fn.	Fußnote
FR	Finanz-Rundschau (Die Zeitschrift)

G

ggf.	gegebenenfalls
GmbH	Gesellschaft mit beschränkter Haftung
grds.	grundsätzlich
GroMiKV	Großkredit- und Millionenkreditverordnung (Verordnung über die Erfassung, Bemessung, Gewichtung und Anzeige von Krediten im Bereich der Großkredit- und Millionenkreditvorschriften des Kreditwesengesetzes)

H

hEK	Haftendes Eigenkapital
HGB	Handelsgesetzbuch
hrsg.	herausgegeben
HSBNÜ	Bibliothek der Hochschule für Wirtschaft und Umwelt Nürtlingen-Geislingen, Standort Nürtlingen
HSBPFO	Hochschulbibliothek Pforzheim
HTW	Bibliothek der Hochschule für Technik und Wirtschaft, Bereich Waldhausweg

I

i. e. S.	im engeren Sinne
i. w. S.	im weiteren Sinne
i. d. R.	in der Regel
i. R.	im Rahmen
i. S. d.	im Sinne de(s,r)
IAA	Internal-Assessment-Approach
IAS	International Accounting Standard(s)
IASB	International Accounting Standards Board
ICAAP	internes Kapitaladäquanzverfahren (engl.: Internal Capital Adequacy Assessment Process)

IDW	Institut der Wirtschaftsprüfer in Deutschland e.V.
IFRS	International Financial Reporting Standard(s)
IRBA	Internal-Rating-Based-Approach (= auf interne Rating-Verfahren basierender Ansatz)
IStR	Internationales Steuerrecht (Die Zeitschrift)

K

KfW	Kreditanstalt für Wiederaufbau
Kfz	Kraftfahrzeug
KI	Kreditinstitut
KPMG	KPMG Wirtschaftsprüfungsgesellschaft
KSA	Kreditrisiko-Standardansatz
KSt	Körperschaftsteuer
KWG	Kreditwesengesetz

L

LBBW	Landesbank Baden-Württemberg
LGD	Loss Given Default
LiqV	Liquiditätsverordnung
Ltd.	Limited Company

M

M	Maturity
MaH	Mindestanforderungen an das Betreiben von Handelsgeschäften der Kreditinstitute
MaIR	Mindestanforderungen an die Ausgestaltung der Internen Revision
MaK	Mindestanforderungen an das Kreditgeschäft der Kreditinstitute
MaRisk	Mindestanforderungen an das Risikomanagement
max.	maximal
MBS	Mortgage-Backed Securities
Mio.	Million(en)
Moddy`s	Moody`s Investors Service Corp.
Mrd.	Milliarde(n)

N

Nr. (engl.: No.)	Nummer

O

o. J.	ohne Jahresangabe
o. V.	ohne Verfasserangabe
OECD	Organisation für wirtschaftliche Zusammenarbeit und Entwicklung (engl.: Organisation for Economic Co-operation and Development)

P

PD	Probability of Default
PWP	Perspektiven der Wirtschaftspolitik (Die Zeitschrift)

R

RBA	Rating-Based-Approach
rd.	rund
RE	Resecuritization Exposure
REFI	Lehrstuhlbibliothek des Lehrstuhls für Betriebswirtschaftslehre, insb. Rechnungswesen und Finanzwirtschaft, Uni.-Prof. Dr. Gerd Waschbusch
RMBS	Residential Mortgage-Backed Securities
Rn.	Randnummer
RWA	Risk Weighted Asset

S

S&P	Standard & Poor`s Corp.
S.	Seite(n)
SFA	Supervisory-Formula-Approach
SIC	Standing Interpretations Committee
sog.	sogenannt(e, er ,en)
SolvV	Solvabilitätsverordnung (Verordnung über die angemessene Eigenmittelausstattung von Instituten, Institutsgruppen und Finanzholding-Gruppen)
SPV	Special Purpose Vehicle
SRP	Supervisory Review Process

StB	Steuerberater (Die Zeitschrift)
SULB	Saarländische Universitäts- u. Landesbibliothek

T

TSI	True Sale International GmbH

U

u. a.	unter anderem oder und andere (Autoren oder Verlagsorte)
u. U.	unter Umständen
UBDO	Universitätsbibliothek Dortmund
UBHAGEN	Universitätsbibliothek der Fernuniversität Hagen
UBHOHEN	Universitätsbibliothek Hohenheim
UBKA	Universitätsbibliothek Karlsruhe
UBMANN	Universitätsbibliothek Mannheim
UCB	Bibliothek der Fachhochschule Trier, Standort Birkenfeld
US	United States (of America)
USA	United States of America
USD	US-Dollar

V

vgl.	vergleiche
VÖB	Bundesverband Öffentlicher Banken Deutschlands

W

WiSt	Wirtschaftswissenschaftliches Studium (Die Zeitschrift)
WISU	Wirtschaftsstudium (Die Zeitschrift)
WIWISB	Wirtschaftswissenschaftliche Seminarbibliothek der Universität des Saarlandes
WM	Wertpapier-Mitteilungen (Zeitschrift für Wirtschafts- und Bankrecht)
WPg	Die Wirtschaftsprüfung (Die Zeitschrift)
WÜLB	Württembergische Landesbibliothek Stuttgart
WUPP	Universitätsbibliothek Wuppertal

Z

z. B.	zum Beispiel
ZBB	Zeitschrift für Bankrecht und Bankwirtschaft
zeb	zeb/rolfes.schierenbeck.associates (Managementberatung)
zfbf	Schmalenbachs Zeitschrift für betriebswirtschaftliche Forschung
ZfgK	Zeitschrift für das gesamte Kreditwesen

Symbolverzeichnis

%	Prozent
&	und (engl.: and)
a^n	Potenz mit Basis a und Exponent n
[a;b]	abgeschlossenes (kompaktes) Intervall von a bis b
€	Euro (Währung)
$\sum$	Summe
$\geq$	größer oder gleich
$\Leftrightarrow$	Äquivalenz
§	Paragraf
§§	Paragrafen
†	gestorben
AB_{OR}	Anrechnungsbetrag für operationelle Risiken
C_1	Anteil der Bemessungsgrundlage der im verbrieften Portfolio enthaltenen Adressenrisikoposition mit der größten Bemessungsgrundlage an der Summe der Bemessungsgrundlagen sämtlicher im verbrieften Portfolio enthaltener Adressenrisikopositionen
EAD_i	Summe der Positionswerte der Forderungen, deren Erfüllung von Schuldner i geschuldet wird
ELGD	volumengewichtete Verlustquote bei Ausfall
Gesamt-AB_{Adress}	Gesamtanrechnungsbetrag für Adressenrisiken
Kirb	IRBA-Eigenkapitalanforderung
Kirbs	IRBA-Eigenkapitalanforderungsrate
L	Verlustpuffer für die Verbriefungstranche
LGD_i	durchschnittlich prognostizierte Verlustquote bei Ausfall nach § 92 SolvV, die für die Gesamtheit der im verbrieften Portfolio enthaltenen Forderungen, deren Erfüllung von Schuldner i geschuldet wird, bestimmt wird
max {a;b}	Maximum der Menge mit den Elementen a und b
min {a;b}	Minimum der Menge mit den Elementen a und b
mvEK	modifiziert verfügbares Eigenkapital

N	Anzahl effektiver Adressenausfallrisikopositionen des verbrieften Portfolios
RWA_{SFA}	ermitteltes Verbriefungsrisikogewicht nach SFA
S[x]	aufsichtliche Formel des SFA
T	Dicke einer Verbriefungstranche

Abbildungsverzeichnis

Verzeichnis der Anlagen im Anhang

1. Einleitung

1.1. Problemstellung vor dem Hintergrund der Finanzmarktkrise

Die Bankenlandschaft befindet sich weltweit seit Mitte 2007 in einer Krise, deren Ausmaß und Dauer von vielen anfangs unterschätzt wurde.[1] Als Auslöser gelten strukturelle Mängel und Risiken des US-amerikanischen Immobilienmarkts, die zum Teil schon sehr lange zurück liegen. So wurde in den USA aus politischer Sicht eine möglichst hohe Wohneigentumsquote bei gleichzeitig erheblicher Verschuldung der Immobilienkäufer, angestrebt. Vor allem mittellose oder zumindest nahezu mittellose Personen profitierten von den zu dieser Zeit in immer stärkerem Maße ansteigenden Immobilienpreisen, welche auch durch das anhaltend niedrige Niveau des amerikanischen Leitzinses beflügelt wurden. Die Folge war ein regelrechter Boom beim Erwerb von Immobilien. Baufinanzierer agierten nicht mehr risikoorientiert, sondern volumenorientiert in ihren Geschäften.[2] Konjunkturelle Rückgänge forderten allerdings in den letzten Jahren erhebliche Zinserhöhungen. Darlehen konnten nicht mehr getilgt werden, die Arbeitslosenzahlen stiegen an und folglich brach der Immobilienmarkt dramatisch ein. Als unmittelbar Betroffene galten die Baufinanzierer, die jedoch ihre Forderungen meist direkt nach der Kreditvergabe an anderen Banken verkauften. Diese anderen Gesellschaften refinanzierten sich durch Ausgabe verbriefter Wertpapiere. Da nun Zins- und Tilgungszahlungen ausblieben, konnten die Investoren solcher Papiere nicht mehr befriedigt werden und verloren ihr Vertrauen in den Verbriefungsmarkt. Dieser zuvor weltweit rasant gewachsene Markt brach als letzte Konsequenz zusammen.[3]

In diesem Zusammenhang hat die Finanzmarktkrise zu Recht zu kritischen Fragen an die Bankenaufsicht und das Bankenaufsichtsrecht geführt, da Finanzmärkte grundsätzlich als hoch reguliert gelten.[4] Das bis dahin relativ unbekannte Finanzinstrument der Verbriefung rückte plötzlich in den Blickpunkt der Medien.

---

1 Nach ersten auftretenden Schwierigkeiten im Frühjahr 2007 in den USA, erreichte die Krise im Juli 2007 in Form immenser finanzieller Probleme der Mittelstandsbank IKB das deutsche Finanzsystem. Vgl. Hartmann-Wendels (Subprime-Krise 2008), S. 252.

2 Bspw. wurden zweijährige Zins- und Tilgungsfreistellungen bei Vertragsabschluss angeboten. Auf das Einbringen von Eigenkapital wurde teilweise gänzlich verzichtet.

3 Vgl. zu diesem Absatz Bieg, Hartmut (Finanzmarktkrise 2009), S. 66-67; o. V. (Finanzmarktkrise 2008), S. 1 und Erber, Georg (Verbriefungen 2008), S. 668.

4 Vgl. Zeitler, Franz-Christoph (Bankenaufsicht 2010), S. 4. Die *Bankenaufsicht* verkörpert die Staatsaufsicht über einen bestimmten Bereich der Wirtschaft (vgl. hierzu Bieg, Hartmut (Bankbilanzen 1983), S. 68). Im Verlauf dieser Studie wird auf verschiedene bankenaufsichtliche Gremien noch detailliert eingegangen.

1.2. Aufbau und Zielsetzung der Studie

Die vorliegende Studie analysiert das umstrittene Finanzinstrument der Verbriefung hinsichtlich ihrer Behandlung und Bewertung unter dem derzeitigen Bankenaufsichtsrecht. Außerdem zeigt sie bankenaufsichtsrechtliche Änderungsvorhaben im Umgang mit Verbriefungen auf, welche der Gesetzgeber als Konsequenz aus der Finanzmarktkrise zukünftig vorsieht.
Das nachfolgende Kapitel 2 fungiert in diesem Zusammenhang als Grundlagenkapitel. Aufbauend auf der Grundstruktur von Verbriefungen werden anschließend die einzelnen Beteiligten einer Transaktion vorgestellt. Zusätzlich werden Besonderheiten wichtigster Verbriefungsarten in Bezug auf strukturellen Aufbau und Form des Risikotransfers erläutert. Kapitel 3 umfasst Risiken und Probleme von Verbriefungsvorgängen. Als eine Überleitung hin zur bankenaufsichtsrechtlichen Behandlung von Verbriefungen wird das vierte Kapitel dieser Studie gesehen. Es weist einen historischen Abriss zur Entstehung des derzeitigen internationalen Bankenaufsichtsrechts auf. Ebenfalls werden die Stufen der Umsetzung dieses Regelwerks in den europäischen und deutschen Rechtsrahmen sowie das Grundkonzept dieser Vereinbarungen dargelegt. Kapitel 5 richtet den Fokus explizit auf den bankenaufsichtlichen Umgang mit Verbriefungstransaktionen, wobei vor allem das deutsche Bankenrecht dahin gehend analysiert wird. Das sechste Kapitel hebt geplante rechtliche Änderungen durch den Gesetzgeber als Reaktion auf die Finanzmarktkrise für bestimmte Verbriefungsarten hervor und hinterfragt diese kritisch. Abschließend fasst Kapitel 7 die Ergebnisse dieses Werks zusammen, weist auf zusätzlich geplante Änderungen der Aufsicht hin und wägt Vor- und Nachteile dieses Finanzinstruments ab. Darüber hinaus wird prognostiziert, welche Rolle Verbriefungen für den gegenwärtigen und zukünftigen Kapitalmarkt spielen können.

2. Klassifizierung von Verbriefungen

2.1. Grundsätzliches

2.1.1. Begriffsdefinition

Eine universale Definition des Begriffs *Verbriefung* existiert nicht.[5] Vielmehr wird versucht mittels Aufgabe und Bedeutung des Finanzinstrumentes eine Beschreibung herzuleiten. Beispielsweise definiert *Kothari* die Verbriefung im weitesten Sinne wie folgt: „Securitization...implies every process that converts a financial relation into a transaction“[6]. Diese Aussage trifft die Intension einer Verbriefung – eine Wechselbeziehung auf finanzieller Ebene in etwas Handelbares umzuwandeln. Dabei beruhen diese Relationen auf Vermögensgegenständen wie Kredit-, Handelsforderungen oder Rechten. Ob in diesem Zusammenhang die Ansprüche gegenüber jemand Anderen schon bestehen oder erst zukünftig Geltung finden, spielt keine Rolle. Der für die Verbriefung im angelsächsischen Bereich verwendete Kunstbegriff *Securitization* leitet sich von der englischen Bezeichnung „Securities“ für Wertpapiere ab.[7] Klassisch versteht man unter der Verbriefung von Vermögensgegenständen – auch als *Asset Securitization* bezeichnet – die Umwandlung von Cash-Flow[8] generierenden meist illiquiden Aktiva (*Assets*) in handelbare[9] Wertpapiere.[10] Denn Zahlungsansprüche, resultierend aus finanziellen Gläubiger-Schuldner-Beziehungen, stellen illiquide Buchforderungen dar.[11] Sie lassen sich kurzfristig nur schwer in Geld umwandeln. Eine Ursache dieser erschwerten Weiterveräußerbarkeit der Kredite ist die fehlende Transparenz der Kreditverträge. Für potenzielle Käufer lassen sich ihre meist individuell vereinbarten Kreditkonditionen nur schwer offenlegen. Weiterhin ist die Übertragung einer Forderung nur durch Einigung und Abtretung (Zession) möglich.[12]

---

5 Vgl. auch Bär, Hans Peter (Securitisation 2000), S. 34.

6 Kothari, Vinod (Securitization 2006), S. 4.

7 Vgl. hierzu Hastenpflug, Wolfgang (Securitizationsphänomen 1991), S. 32 und David, Simone (Securitisation 2001), S. 18.

8 Unter dem Begriff *Cash-Flow* (Finanzüberschuss) versteht man den Nettozugang an flüssigen Mitteln aus der Umsatztätigkeit und anderen laufenden Operationen innerhalb eines Zeitraums. Mittels direkter Methode ergibt sich der Finanzüberschuss aus der Differenz zw. den Betriebseinnahmen (zahlungswirksame Erträge) und den Betriebsausgaben (zahlungswirksame Aufwendungen) (vgl. Achleitner, Paul u. a. (Lexikon 2002), S. 271).

9 Das Adjektiv „handelbar“ impliziert in diesem Kontext die Möglichkeit der Emission von Wertpapieren an einem freien Markt.

10 Vgl. Braun, Hendryk (Asset-Backed-Securities 2005), S. 63.

11 Vgl. Heldt, Cordula (Kreditportfolios 2009), S. 1.

12 Vgl. zu diesem Absatz Bieg, Hartmut; Kußmaul, Heinz (Finanzierung 2009), S. 161.

Werden diese „traditionellen" Bankkredite aber durch Kreditforderungen, „die mit handelbaren Wertpapieren unterlegt sind", abgelöst, können diese einem breiteren, auch internationalen Publikum angeboten werden[13]; ihre *Shiftability* erhöht sich.[14] Die verbrieften Kreditforderungen können nun von Kapitalsammelstellen oder Nichtbanken erworben werden. Teilweise wurde schon von einer Substitution der herkömmlichen (Hausbank-)Kredite durch Verbriefungen gesprochen.[15] So assoziiert die *Bank für Internationalen Zahlungsausgleich* (BIS) mit der Verbriefung die Entwicklung von Märkten für handelbare Kreditsubstitute, mit Hilfe derer durch direkte Kreditbeziehungen zwischen Investoren und Kapitalnachfragern die Kreditinstitute und ihre Transformationsfunktionen[16] umgangen werden. Dieser Vorgang einer Ersetzung bankvermittelter, indirekter Finanzierung durch eine direkte, marktvermittelte Beziehung zwischen Anleger und Unternehmen wird als *Disintermediation* bezeichnet.[17]

2.1.2. Grundstruktur und Beteiligte einer Verbriefung

Trotz der Heterogenität des Marktes für Asset Securitization[18] und einer Vielzahl beteiligter Parteien lässt sich das Grundkonzept einer Verbriefung immer wieder auf eine Grundform zurückführen, die im Folgenden genauer betrachtet wird.[19]

Dabei verkauft eine Bank oder ein Unternehmen (***Originator***[20]) Vermögenspositionen, die aus Vertragsbeziehungen mit ihren Kunden (***Obligatoren***) resultieren, an einen Käufer.[21] Diese Forderungen stellen für gewöhnlich nicht handelbare Aktiva dar, die mit bestehenden oder zukünftigen Zahlungsansprüchen gegen die Obligatoren behaftet sind (zum Beispiel Kredite,

---

13 Vgl. Bieg, Hartmut u. a. (Handbuch der Rechnungslegung nach IFRS), S.1.

14 Vgl. Hastenpflug, Wolfgang (Securitizationsphänomen 1991), S. 32 und Hartmann-Wendels, Thomas; Pfingsten, Andreas; Weber, Martin (Bankbetriebslehre 2007), S. 418-419; die *Shiftability* gibt die Geldnähe eines Aktivums an. Sie bezieht sich auf die Möglichkeit, Vermögensgegenstände auch vorzeitig in Zahlungsmittel umzuwandeln. Aktiva mit einer hohen (niedrigen) Shiftability besitzen eine große (geringe) Liquidität (vgl. Achleitner, Paul u. a. (Lexikon 2002), S. 880).

15 Vgl. Heldt, Cordula (Kreditportfolios 2009), S. 1.

16 Zu den von Kreditinstituten erbrachten Transformationsfunktionen zählen vor allem die Informations-, die Losgrößen-, die Fristen-, die Risikotransformationsfunktion sowie die räumliche und die zeitpunktbezogene Transformationsfunktion (vgl. hierzu Krämer, Gregor (Ziele 2000), S. 82-92).

17 Vgl. Bank for International Settlements (Innovations 1986), S. 266-267; Krahnen, Jan Pieter (Kreditrisiken 2005), S. 499-500 und vgl. zu diesem Absatz Bieg, Hartmut; Kußmaul, Heinz (Finanzierung 2009), S. 161-162.

18 Nachfolgend wird *Asset Securitization* vereinfacht als *Verbriefung* oder *Securitization* bezeichnet, da sie als Überbegriff für jede Art der Verbriefung von Vermögen gebraucht wird (vgl. Franke, Ulrich (Gesundheitswesen 2008), S. 8).

19 Vgl. Franke, Ulrich (Gesundheitswesen 2008), S. 15.

20 Der Terminus *Originator* verdeutlicht, wer die zu verbriefenden Vermögenswerte generiert hat (vgl. Rinze, Jens Peter; Klüwer, Arne Cornelius (Securitisation 1998), S. 1697).

21 Vgl. Erber, Georg (Verbriefungen 2008), S. 670.

Hypotheken).[22] Solche Vermögenswerte werden i. R. einer Verbriefungstransaktion allerdings nicht einzeln auf den Käufer übertragen, sondern zuerst mit anderen Forderungen zu einem sog. Forderungspool gebündelt.

Der Käufer ist dabei in aller Regel[23] eine speziell für diesen Zweck gegründete Gesellschaft (***Special Purpose Vehicle*** **(SPV)**). Dieses SPV ist in einer möglichst restriktionsfreien und steuerneutralen Rechtsordnung[24] gegründet und lediglich mit einem Minimalkapital ausgestattet. Um sich den Kauf der Vermögenswerte refinanzieren zu können, strukturiert die Zweckgesellschaft wiederum die Risiken und ggf. Zahlungen,[25] um sie entweder über die Emission von Wertpapieren (vgl. hierzu die umfassenden Ausführungen in Abschnitt 2.3.1) oder die Aufnahme eines syndizierten Kredites (vgl. Abschnitt 2.3.2 der Studie) an ***Investoren*** weiterzugeben.[26] Diese Abgrenzung ist bedingt durch einen unterschiedlichen Risikotransfer und wird in Abschnitt 2.3 vertieft behandelt. Die Ansprüche der Investoren werden mittels des weitergeleiteten Cash-Flows, der an die Zweckgesellschaft verkauften Forderungen, befriedigt.[27]

Aufgrund steigender Anforderungen an die beteiligten Personengruppen einer Securitization, die vorrangig durch komplexere Strukturen begründet werden, erhöht sich die Anzahl an integrierten Parteien. Diese können bspw. Ratingagenturen oder Versicherungen sein, welche in erster Linie zur Qualitätsverbesserung des Investment beitragen sollen.[28] Bei welchen speziellen Verbriefungsformen weitere Parteien erforderlich sind und welche zusätzlichen Aufgabenbereiche diese Beteiligten im Verbriefungsprozess einnehmen, hängt von den, der Verbriefung zugrunde liegenden, Asset-Klassen ab. In Abschnitt 2.2 dieses Werks wird detailliert auf die Bedeutung und Motive einzelner Parteien eingegangen.

---

22 Vgl. Bloss, Michael u. a. (Subprime-Krise 2009), S. 69 und Franke, Ulrich (Gesundheitswesen 2008), S. 16.

23 Bei synthetischen Transaktionen ist die Einschaltung einer Zweckgesellschaft nicht zwingend erforderlich (Vgl. Emse, Cordula (Kreditinstitute 2005), S. 8). Siehe ebenfalls detailierte Ausführungen in Abschnitt 2.3.2 dieses Werks.

24 Um eine nachteilige Besteuerung in Deutschland zu vermeiden, haben SPV ihren Sitz regelmäßig in sog. *Offshore*-Gebieten (z.B. Jersey oder den Cayman Islands), mit einem minimalen KSt-Satz, einer Befreiung der Substanzbesteuerung und der Dauerschuldbelastung bei der Gewerbesteuer (vgl. ausführlich Häuselmann, Holger; Hechler, Judith (Besteuerung 1999), S. 34).

25 Vgl. Braun, Hendryk (Asset-Backed-Securities 2005), S. 64.

26 Vgl. zu diesem Absatz Wulfken, Jörg; Weller, Michael (Finanzierungsform 1992), S. 644 und Tolkschmitt, Volker (Bankbetriebslehre 2007), S. 224.

27 Vgl. zu diesem Absatz Bund, Stefan (Securitisation 2000), S. 10 und Pfingsten, Andreas (Bankensektor 2007), S. 637-638.

28 Vgl. Wulfken, Jörg; Weller, Michael (Finanzierungsform 1992), S. 644.

2.1.3. Abgrenzung einer Verbriefungstransaktion zu anderen Finanzinstrumenten

Da in der Literatur oftmals die Verbriefung mit weiteren Instrumenten der Innenfinanzierung[29] – speziell dem *Factoring* und dem *Forfaiting*– gleichgesetzt wird, werden diese Modelle im Folgenden voneinander abgegrenzt.

Das *Factoring* dient zur Stundung von Forderungsbeständen. Hierbei erwirbt ein Finanzierungsinstitut (der *Factor*) Forderungen, die bei seinen Kontrahenten aus dem Verkauf von Waren entstehen. Als Gegenleistung zahlt der Kontrahent dem Factor eine Vergütung.[30]

Entsprechend der Risikoverteilung zwischen Factor und Factoring-Kunde unterscheidet man zwischen *echtem* und *unechtem* Factoring.[31] Bei dem echten Factoring haftet der Kontrahent weiterhin für das rechtliche Bestehen der Forderung. Gleichzeitig übernimmt das Institut aber das Ausfallrisiko der Forderungen – das sog. Delkredere-Risiko. Durch diesen Übergang wird das echte Factoring allgemein als Forderungskauf eingeordnet. Zwar handelt es sich hierbei auch um einen Verkauf von Forderungen, allerdings werden diese bei der Verbriefung nicht nur verkauft sondern am Kapitalmarkt platziert.[32] Ein weiterer Unterschied zwischen der Verbriefung und dem echten Factoring ist bei der Zweckgesellschaft zu verzeichnen. Während beim echten Factoring eine bereits bestehende Finanzierungsgesellschaft als Factor fungiert, wird diese insolvenzfeste Zweckgesellschaft in der Regel erst bei einer Verbriefung gegründet. Hingegen unterbleibt beim unechten Factoring eine Übertragung des Ausfallrisikos zum Factor. D. h. bei bestehender Uneinbringlichkeit der Forderung überträgt der Factor diese an den Kunden zurück. Somit liegt im Gegensatz zur Securitization beim unechten Factoring kein Verkauf der Forderungen vor. Auch die Art der Forderungsabtretung differiert bei beiden Instrumenten. Meist gehen mittels stiller Zession die Forderungen im Rahmen einer Verbriefungstransaktion über, so dass der Originator weiterhin die Einziehung der Forderungen übernimmt. Beim unechten Factoring wird dem Schuldner dagegen die Abtretung mitgeteilt und der Factor zieht die Forderungen ein.[33] Obwohl bspw. der Forderungsverkauf als Bestandteil

29 Die Finanzierung von Betrieben lässt sich differenzieren in Außen- und Innenfinanzierung. Bei der Innenfinanzierung fließen dem Betrieb die Finanzmittel im Gegensatz zur Außenfinanzierung nicht über die Finanzmärkte zu, sondern werden vom Betrieb selbst über Umsatzprozesse erwirtschaftet (vgl. Wöhe, Günter (Betriebswirtschaftslehre 2008), S. 520 und Bieg, Hartmut; Kußmaul, Heinz (Finanzierung 2009), S. 357.

30 Vgl. zu diesem Absatz Wöhe, Günter (Betriebswirtschaftslehre 2008), S. 612-613.

31 Vgl. Ballwieser, Wolfgang (Vollständigkeit 2008), S. 78-79, Rn. 57-58.

32 Vgl. Knops, Kai-Oliver (Anlegerschutz 2008), S. 2535.

33 Vgl. zu diesem Absatz Alte, Timo (Forderungsabtretung 2006), S. 16-18.

des Factorings folglich auch ein Element der Verbriefung darstellt, gilt die Securitization dennoch als ein selbstständig weiterentwickeltes Rechtsprodukt.[34]

Weiterhin soll nun die Securitization vom *Forfaiting* – auch als *Forfaitierung* oder *Forfaitingvertrag* bezeichnet – abgegrenzt werden. Unter Forfaiting versteht man den regresslosen Ankauf bzw. Verkauf einer Wechsel- oder Leasingforderung.[35] Dabei ist die Haftung des Verkäufers (*Forfaitist*) gemäß §§ 437 Nr. 3, 280 Abs. 1 Satz 1, 453 Abs. 1 BGB auf die *Verität*[36] beschränkt.[37] Das Erfordernis eines echten Forderungskaufs, welches demnach durch den Übergang des Delkredere-Risikos auf den Käufer (*Forfaiteur*) gegeben ist, besteht auch für das echte Factoring und die Verbriefung. Allerdings wird beim Forfaiting nur eine einzige Forderung an den Forfaiteur verkauft, wohingegen bei der Securitization ein definierter Pool an Forderungen übertragen wird.[38] Weiterhin werden spezielle Anforderungen an die zu verbriefenden Forderungen bei der Forfaitierung gestellt, welche bei der Verbriefung keine Anwendung finden. Zum einen muss die Forderung aus einem grenzüberschreitenden Geschäft stammen. Zum anderen muss sie zusätzliche Sicherheiten[39] bieten.[40]

2.2. Klassifizierung durch Asset-Klassen

2.2.1. Die Verbriefung von Forderungen

2.2.1.1. Überblick

Als Instrument für den Transfer von Kreditrisiken lässt sich die Verbriefung unter die kapitalmarktorientierten Produkte subsumieren. Dabei gelten True-Sale-Verbriefungen (vgl. Abschnitt 2.3.1) und Kreditderivate als die modernen Instrumente des Risikotransfers, wobei in neuerer Zeit *hybride Instrumente* – Kombinationen von Kreditderivaten mit traditionellen Schuldverschreibungen – an besonderer Bedeutung gewonnen haben.[41]

---

34 Vgl. Rinze, Jens Peter; Klüwer, Arne Cornelius (Securitisation 1998), S. 1697.

35 Allerdings kann dieser *Ausschluss des Rückgriffs* (vgl. Hakenberg, Michael (Forfaitinggeschäft 2009), Rn. V36) mit Hilfe verschiedener Möglichkeiten umgangen werden. In diesen Fällen spricht man dann von *unechten Forfaitierungsgeschäften* (Vgl. Deuber, Andreas (Forfaitierung 1993), S. 126 ff.).

36 *Verität* steht für den rechtlichen Bestand und die Einredefreiheit der Forderung (vgl. hierzu Martinek, Michael; Oechsler, Jürgen (Forfaitinggeschäft 2007), Rn. 1 und Hakenberg, Michael (Forfaitinggeschäft 2009), Rn. V36).

37 Vgl. Martinek, Michael; Oechsler, Jürgen (Forfaitinggeschäft 2007), Rn. 1.

38 Vgl. Braun, Hendryk (Asset-Backed-Securities 2005), S. 64.

39 Forfaitiert werden insbesondere Forderungen, die durch Wechsel unterlegt sind (vgl. hierzu Babett, Gehring (Asset-Backed Securities 1999), S. 39).

40 Vgl. zu diesem Absatz Alte, Timo (Forderungsabtretung 2006), S. 19.

41 Vgl. zu diesem Absatz Rudolph, Bernd u. a. (Kreditrisikotransfer 2007), S. 37. Ein Überblick über die Systematisierung von Instrumenten des Kreditrisikotransfers beinhaltet Anlage 1 im Anhang dieser Studie.

Eine Klassifikation der einzelnen Verbriefungstransaktionen ist nach der Art der zugrunde liegenden Forderungen (*Assets*) möglich.[42] In diesem Zusammenhang wird darauf hingewiesen, dass mehrfach Begriffe parallel verwendet werden, die jedoch unterschiedliche Bedeutungen haben. So stellen die bereits in Abschnitt 2.1.1 erwähnten Ausdrücke Securitization, Asset Securitization oder Verbriefung immer einen Finanzierungsprozess dar bzw. können jede Art der Verbriefung bezeichnen. Demgegenüber intendieren die Begriffe *Asset-Backed Securities* (ABS) oder *Mortgage-Backed Securities* (MBS), welche nachfolgend ausführlich behandelt werden, zu den für die Verbriefung verwandten Finanzprodukten.[43]

Die Bezeichnung Asset-Backed Securities bedeutet wörtlich übersetzt „forderungsgedeckte Wertpapiere".[44] Anknüpfend daran definiert das Bundesaufsichtsamt für das Kreditwesen (BAKred)[45] diesen Begriff als Wertpapiere oder Schuldscheine, „die Zahlungsansprüche gegen eine ausschließlich dem Zweck der ABS-Transaktion dienende Zweckgesellschaft zum Gegenstand haben. Die Zahlungsansprüche werden durch einen Bestand unverbriefter Forderungen („assets") gedeckt („backed"), die auf die Zweckgesellschaft übertragen werden und im Wesentlichen den Inhabern der Asset-Backed Securities (Investoren) als Haftungsgrundlage zur Verfügung stehen."[46] Diese zugrunde liegenden Assets waren vor einigen Jahren noch auf klassische Handelsforderungen und Leasingforderungen beschränkt.[47] Allerdings kann mit heutigen (finanzmathematischen) Methoden fast jede Vermögensart in ABS gewandelt werden. „Solange das Portfolio ausreichend sicher prognostizierbare Cash-Flows generiert"[48], kennt die Palette an Assets theoretisch keine Grenzen. Neben den Eigenschaften der Cash-Flow-Generierung und einer guten Prognostizierbarkeit sind für eine erfolgreiche Verbriefung noch andere grundlegende Ansprüche an Assets zu stellen. Bspw. sollten die ursprünglichen Forderungen eine gewisse Qualität aufweisen, ihre Laufzeiten überschaubar und die Forderungspools gut segmentierbar sein. Es muss außerdem eine Separationsmöglichkeit für die zu

---

42 Vgl. Struffert, Ralf (Asset Backed Securities-Transaktionen 2006), S. 10.

43 Vgl. Franke, Ulrich (Gesundheitswesen 2008), S. 8-9.

44 Vgl. Heinrich, Markus; Grützemacher, Thomas (Kreditpooling 2005), S. 386; ABS zählen zu den *kollateralisierten Anleihen*, bei denen ein verpfändetes Aktivum der Kreditverbesserung dient (vgl. insbesondere Krämer, Werner (Investments 2005), S. 199).

45 Seit Mai 2002 vereint die Bundesanstalt für Finanzdienstleistungsaufsicht (BaFin) die Geschäftsbereiche der ehemaligen Bundesaufsichtsämter für das Kreditwesen (BAKred), für das Versicherungswesen (BAV) und für den Wertpapierhandel (BAWe) (vgl. www.bafin.de und Käufer, Anke (Übertragung 2009), S. 29).

46 BAKred (Rundschreiben 1997), S.1.

47 Vgl. Rosenfeld, Klaus; Ziese, Stefan (Mittelstandsfinanzierung 2006), S. 1058.

48 Rother, Sandra (Mittelstands-CDOs 2006), S. 1061.

verkaufenden Assets bestehen.[49] Auch das Volumen der Verbriefung selbst sollte für effiziente Transaktionen ausreichen.[50]

Diese Vermögenswerte, welche als Bestandteile im Kontext einer Securitization auch als *Underlying*[51] bezeichnet werden, können bspw. Forderungen aus Lieferungen und Leistungen, Forderungen aus Kredit- und Leasingverträgen[52], aus Franchise- und sonstigen Lizenzvereinbarungen, aus Konsumentenkrediten, aus Unternehmensdarlehen, aus Hypotheken- und Wohnungsbaukrediten, aber auch Mietforderungen oder Film- und Musikrechte sein.[53] Der Forderungsbestand selbst kann in seiner Zusammensetzung statisch oder revolvierend ausgestaltet sein, wobei im letzteren Fall die Auswahl der in den Pool aufgenommenen Forderungen auf vorab definierten Kriterien (*Eligibility Criteria*[54]) basiert.[55] Im Wesentlichen unterscheidet man aber drei Kategorien von ABS, die sich aus den zugrunde liegenden Assets ableiten lassen und in der nachfolgenden Abbildung 1 veranschaulicht werden.

---

49 Die Möglichkeit zur Trennung der Assets vom übrigen Forderungsbestand ist einerseits technischer Natur (bspw. mittels besonderer Kennzeichnungen); andererseits auch juristisch möglich. Vgl. Arbeitskreis Finanzierung der Schmalenbach-Gesellschaft Deutsche Gesellschaft für Betriebswirtschaft e. V. (Asset Backed Securities 1992), S. 509-510.

50 Vgl. hierzu Stenner, Frank (Autoindustrie 2009), S. 957 und insbesondere zu weiteren *basic attributes* der Assets Kothari, Vinod (Securitization 2006), S. 65-69.

51 Vgl. hierzu Braun, Hendryk (Asset-Backed-Securities 2005), S. 65 und Kern, Marco (Kreditderivate 2003), S. 6-7; in Theorie und Praxis ebenfalls gebräuchliche Begriffe sind z. B. Basisinstrument, Referenzinstrument, Referenzaktivum oder Referenzasset (vgl. Struffert, Ralf (Asset Backed Securities-Transaktionen 2006), S. 15).

52 Zur Vorteilhaftigkeit von Forderungen aus Kredit- und Leasingverträgen siehe insbesondere Stenner, Frank (Autoindustrie 2009), S. 956-959.

53 Vgl. Heldt, Cordula (Kreditportfolios 2009), S. 1; Teille, Karl; Heeren, Georg (Effizienz 2009), S. 30 und Rosenfeld, Klaus; Ziese, Stefan (Mittelstandsfinanzierung 2006), S. 1058.

54 Die Kriterien im Falle eines im Zeitverlauf revolvierenden Einbringens der Forderungen verbieten bspw. das Überschreiten bestimmter Obergrenzen für einzelne Schuldner, einzelne Branchen oder bestimmte Regionen (vgl. Rudolph, Bernd u. a. (Kreditrisikotransfer 2007), S. 41).

55 Vgl. Auerbach, Dirk; Roth, Tilmann (Credit-Linked-Notes 2003), S. 231 und Rudolph, Bernd u. a. (Kreditrisikotransfer 2007), S. 41. Bei revolvierenden Forderungsankäufen erfolgen die Kaufangebote des Originators auf der Basis des zugrunde liegenden Vertrages standardisiert unter Verwendung eines bestimmten Rasters (vgl. insbesondere Häuselmann, Holger; Hechler, Judith (Besteuerung 1999), S. 37).

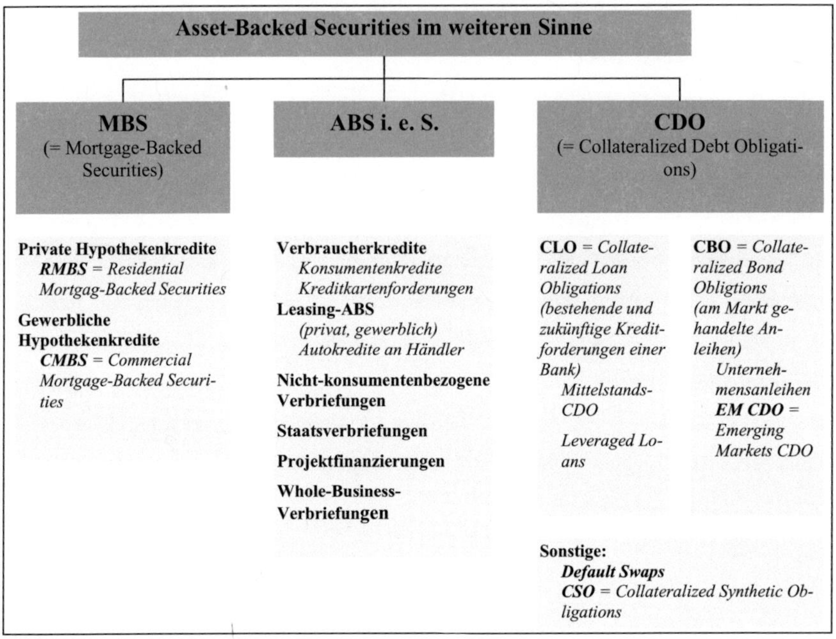

Abb. 1: ABS im weiteren Sinne[56]

Die erste Gruppe stellen die *Mortgage-Backed Securities* (MBS) dar, welche durch einen Pool verschiedener Hypothekenkredite besichert sind (siehe hierzu detailliertere Ausführungen in Abschnitt 2.2.2.1). Die zweite Gruppe – die sog. Asset-Backed Securities i. e. S. – umfassen Wertpapiere, die mit Unternehmensforderungen gedeckt sind (vgl. hierzu Abschnitt 2.2.2.2 der Studie). *Collateralised Debt Obligations* (CDOs), welche als dritte Gruppe die Asset-Klassen vervollständigen, sind Wertpapiere, die entweder durch Anleihen, Kredite, verbriefte Forderungen, ABS oder Tranchen[57] anderer CDOs besichert sind. Sie werden in Abschnitt 2.2.2.3 ausführlich behandelt. Da alle Finanzprodukte auf dem gleichen strukturellen Prinzip[58]

56 Eigene Darstellung angelehnt an Braun, Hendryk (Asset-Backed-Securities 2005), S. 67 und Rother, Sandra (Mittelstands-CDOs 2006), S. 1063.

57 Detaillierten Ausführungen zum Instrument der *Tranchierung* i. R. von Verbriefungstransaktionen widmet sich Abschnitt 2.2.1.4.

58 Alle Produkte stellen „durch einen Bestand von unverbrieften Forderungen (Assets) gedeckte (backed) und gesicherte Wertpapiere" dar (vgl. Büschgen, Hans (Börsenlexikon 2006), S. 41 und Bieg, Hartmut u. a. (IFRS 2009), S. 319).

aufbauen, lassen sich diese Varianten auch unter dem gemeinsamen Ausdruck *ABS* bzw. *ABS i. w. S.* zusammenfassen.[59]

2.2.1.2. Bausteine einer ABS-Transaktion[60]

Aufgrund der individuellen Ausgestaltungsmöglichkeit dieses Finanzierungsinstruments sind in der Praxis meist mehrere Personengruppen in eine Verbriefungstransaktion involviert. Dennoch steht im Mittelpunkt einer konventionellen ABS-Struktur das Beziehungsgeflecht zwischen Originator, SPV und Investoren, wie es eine Verbriefung in ihrer Grundstruktur aufweist.[61] Abbildung 2 stellt eine ABS-Struktur mit den wesentlichen beteiligten Gruppen dar.

---

59 Vgl. zu diesem Absatz Heinrich, Markus; Grützemacher, Thomas (Kreditpooling 2005), S. 386, Rudolph, Bernd; Scholz, Julia (Pooling 2007), S. 539 und Bloss, Michael u. a. (Subprime-Krise 2009), S. 72-75.

60 Vgl. zu diesem Abschnitt ausführlich Waschbusch, Gerd (Unternehmungsfinanzierung 1998), S. 408-419.

61 Vgl. hierzu Ausführungen in Abschnitt 2.1.2, sowie Bieg, Hartmut u. a. (IFRS 2009), S. 321 ff.

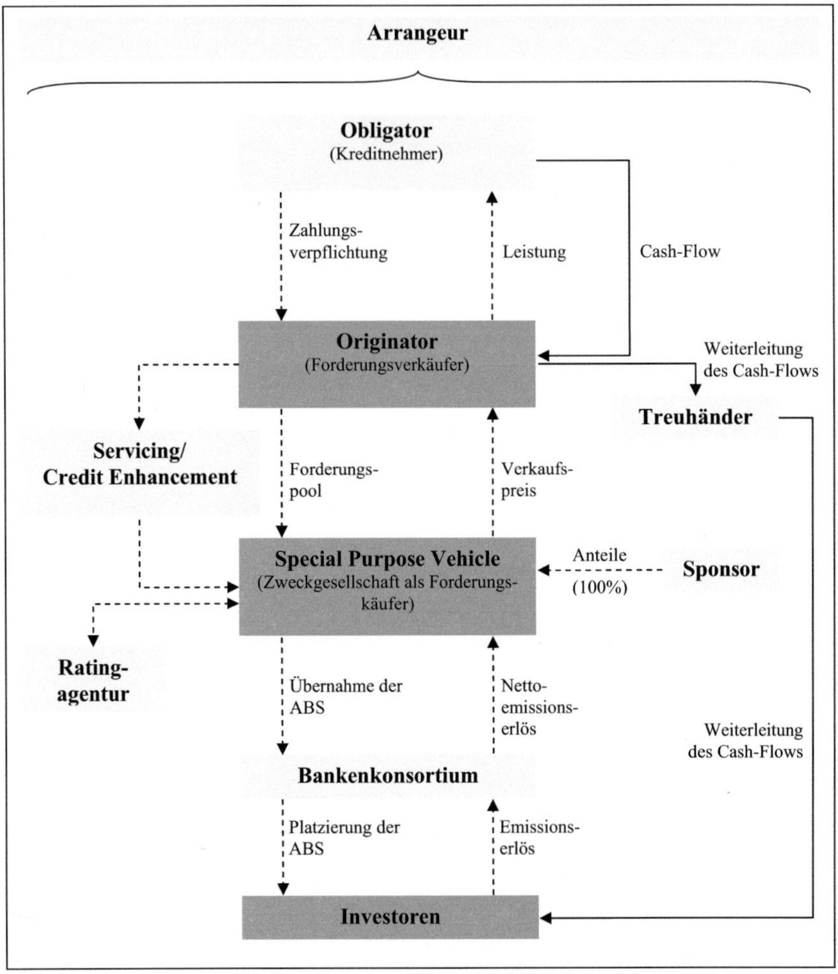

Abb. 2: Gesamtdarstellung einer ABS-Transaktion[62]

Der Kern eines Verbriefungsvorgangs, bestehend aus Originator, SPV und Investor, wird bei einer ABS-Transaktion von zusätzlichen Beteiligten umschlossen. Diese anderen Akteure werden im Weiteren erläutert. Dabei erheben die nachfolgend genannten Parteien keinen Anspruch auf Vollständigkeit.

[62] Modifiziert entnommen aus Bund, Stefan (Securitisation 2000), S. 11.

Meist ist für die Strukturierung der gesamten ABS-Verbriefung ein ***Arrangeur***, in der Regel eine arrangierende Bank, zuständig. Diese arrangierende Bank erfüllt eine Schlüsselfunktion aus Sicht des Forderungsverkäufers. Sie fungiert als Ansprechpartner des Forderungsverkäufers für alle Angelegenheiten bezüglich der geplanten Transaktion. Mittels gut ausgebauter Netzwerke zu potenziellen Zweckgesellschaften stellt sie für den Originator Kontakte her, berät sie bei der Auswahl des zu verkaufenden Portfolios und führt die statistische Analyse des Portfolios durch.[63]

Die Gründung des SPV übernimmt ein ***Sponsor***, der i. d. R. die Mehrheit der Gesellschaftsanteile hält. Dieser kann entweder der Originator selbst oder ein unabhängiger Dritter[64] sein, der über das notwendige Know-How zur Konzeption und Durchführung einer ABS-Transaktion verfügt.[65] In der Praxis wird allerdings die Konstellation einen unabhängigen Dritten als Sponsor zu beauftragen, präferiert, um die gebündelten Forderungen auch der mittelbaren Einflussnahme des Forderungsverkäufers entziehen zu können. Ziel ist es die Einbeziehung der Zweckgesellschaft in den aufsichtsrechtlichen Konsolidierungskreis (§ 10a Abs. 1 bis 5 KWG) des Originators zu verhindern.[66]

Weiterhin ist bei den meisten ABS-Transaktionen ein ***Treuhänder*** (*Trustee*) mit eingeschaltet. Dieser – in der Regel in Form eines Kreditinstitutes oder einer Wirtschaftsprüfungsgesellschaft[67] – verwaltet treuhänderisch für die Investoren das Forderungsportfolio. Damit soll bei einer Insolvenz des SPV sichergestellt sein, dass die Forderungen vor anderen Gläubigeransprüchen geschützt sind.[68] In diesem Zusammenhang übernimmt der Treuhänder somit auch die Verwertung der Forderungen mit den dazugehörigen Sicherheiten. Als „Sachwalter der Inhaber der Asset-Backed Securities"[69] hat er auch die laufende Kontrolle und Überwachung der SPV sowie des Serviceagenten[70] inne.

Damit u. a. die Zahlungseingänge ordnungsgemäß und termingerecht vom Schuldner an den Treuhänder weitergeleitet werden, überträgt man die technische Abwicklung einer ABS-

---

63 Vgl. zu weiteren Einzelheiten Rittinghaus, Hans-Rudolf; Makowka, Thomas; Hellmann, Ursula (Transaktionen 1997), S. 136-137.

64 Der Sponsor kann z. B. der Arrangeur oder der Treuhänder sein (vgl. Bieg, Hartmut u. a. (IFRS 2009), S. 323).

65 Vgl. auch Struffert, Ralf (Asset Backed Securities-Transaktionen 2006), S. 12.

66 Vgl. insbesondere die strukturellen Anforderungen an eine SPV in Abschnitt 2.2.1.3.

67 Vgl. hierzu Bund, Stefan (Securitisation 2000), S. 32.

68 Vgl. auch Bieg, Hartmut u. a. (IFRS 2009), S. 324.

69 Waschbusch, Gerd (Unternehmungsfinanzierung 1998), S. 412.

70 Zum *Serviceagenten* siehe insbesondere nachfolgende Absätze dieses Abschnitts.

Transaktion einem sog. *Servicer* bzw. *Service Agent.*[71] Die Auslagerung dieser Tätigkeit, dem sog. ***Servicing***, ist dadurch zu begründen, dass eine SPV lediglich als ein Finanzierungsvehikel konstruiert wird und weder über ausreichende personelle noch sachliche Ressourcen verfügt um solche verwaltenden Tätigkeiten selbstständig zu bewältigen. Vorwiegend[72] ist der Originator gleichzeitig auch Servicer, da dessen Aufgaben einen relativ engen Kundenkontakt voraussetzen und eine Offenlegung des Forderungsverkaufs vermieden wird.[73] Neben der Zahlungsabwicklung zwischen den Schuldnern des Haftungspools (der verkauften Forderungen) und dem Treuhänder gehören die Debitorenbuchhaltung, das Mahnwesen und die Kreditüberwachung zu den Aufgabenbereichen eines Serviceagenten.[74]

Da die ABS-Papiere grundsätzlich nur durch die Zahlungsströme befriedigt werden, welche durch die Assets entstehen, ist für die Qualität dieser Wertpapiere auch die Qualität der Forderungen sehr entscheidend. Führt man diesen Gedankengang fort, ergibt sich, dass alleinig die Erhöhung der Qualität der zugrunde liegenden Forderungen die Bonität der ABS verbessert; unabhängig von der wirtschaftlichen Situation der die Verbriefung betreibenden Unternehmung. Deshalb bieten zur Sicherung der Investorenansprüche Versicherungsgesellschaften und Banken häufig Ausfallversicherungen bzw. Bürgschaften an.[75] Diese zusätzlichen, in die ABS-Konstruktion eingebauten Besicherungsvereinbarungen – subsumiert unter dem Terminus ***Credit Enhancement***[76] – gilt es gerade in Hinblick auf die Frage nach Sicherheiten und Risiken von Verbriefungen zu analysieren. Der Abschnitt 2.2.1.5 dieses Werks befasst sich explizit mit dieser Bereitstellung zusätzlicher Sicherheiten.

Die Begebung der im Rahmen einer ABS-Transaktion neu geschaffenen Finanzmittel, d. h. die Emission der Wertpapiere am Finanzmarkt, erfolgt häufig unter Einschaltung eines ***Bankenkonsortiums*** (sog. Platzierungsinstitute). Die Platzierung findet entweder an organisierten Finanzmärkten (öffentliche Platzierung) oder an nicht organisierten Finanzmärkten (private

---

71 Vgl. auch Rudolph, Bernd u. a. (Kreditrisikotransfer 2007), S. 42-43.

72 Im Rahmen einer Forderungsabtretung mittels *stiller Zession* ist dies der Regelfall (vgl. Bigus, Jochen (Finanzierung 2000), S. 465).

73 Vgl. auch Häuselmann, Holger; Hechler, Judith (Besteuerung 1999), S. 33 und Bellmann, Sabine (Risikomanagement 2002), S. 22-23.

74 Vgl. Bigus, Jochen (Finanzierung 2000), S. 465 und Bellmann, Sabine (Risikomanagement 2002), S. 22.

75 Vgl. auch Bigus, Jochen (Finanzierung 2000), S. 465.

76 Je nachdem wer am Ende der Risikoträger ist, unterscheidet man *interne* und *externe* Credit Enhancements. Vgl. insbesondere Franke, Ulrich (Gesundheitswesen 2008), S. 26-27 und Struffert, Ralf (Asset Backed Securities-Transaktionen 2006), S. 30-34.

Platzierung) statt, je nachdem, ob die Wertpapiere an eine Vielzahl von Investoren oder an wenige, ausgewählte Interessenten ausgegeben werden.[77]

Betrachtet man die aktuelle vorherrschende Finanzmarktkrise, ist der letzte hier erläuterte Baustein einer ABS-Transaktion – die ***Ratingagentur*** – sehr in die Kritik geraten.[78] Er wird in Zusammenhang mit den Finanzmarktturbulenzen in verschiedenen internationalen und nationalen Gremien (wie dem FSF oder der SEC), sowie auf politischer Ebene (in nationalen Parlamenten und auf EU-Ebene) diskutiert.[79] Einer detaillierten kritischen Betrachtung von Ratingagenturen, gerade im Zusammenhang mit bankenaufsichtsrechtlichen Bestimmungen, widmet sich Abschnitt 5.2.1.3 dieser Studie. Die Aufgabe der Ratingagenturen besteht darin, die bisher vorgestellten Bausteine einer ABS-Emission auf ihre Tragfähigkeit hin zu untersuchen. Denn Grundlage für einen erfolgreichen Handel mit verbrieften Forderungen bildet die Einschätzung des Kreditrisikos.[80] Vor allem Investoren, welche als Außenstehende einer ABS-Transaktion nur unzureichende Informationen erhalten, dient das Rating von Anleihen als wesentliche Orientierungshilfe im Rahmen der *Asset Allokation*[81].[82] Die Zuordnung der Risikohöhe erfolgt in Form einer Buchstabenkombination mit ausgewiesener Rangfolge. Darüber hinaus fordert der bankenaufsichtsrechtliche Rating-Begriff, jedem Rating eine Ausfallwahrscheinlichkeit, die *PD*[83] zuzuordnen. Anlage 1, im Anhang dieser Studie, illustriert eine solche Zuordnung zwischen Ratings und PD`s auf Basis einer Beispielkalibrierung von Daten

77 Vgl. auch Rinze, Jens Peter; Klüwer, Arne Cornelius (Securitisation 1998), S. 1699 und Bigus, Jochen (Finanzierung 2000), S. 466.

78 U. a. kritisiert Frank Pörschke in der Börsen-Zeitung vom 3.10.2009 das blinde Vertrauen der Finanzierer in die Bonitätsprüfer, insbesondere im Immobiliensektor (vgl. Pörschke, Frank (Immobilienbanken 2009), S. B3); „Ratingagenturen dürfen nicht zeitgleich Finanzprodukte entwickeln, vertreiben und bewerten", so bei handelsblatt.com am 27.10.2009 (vgl. hierzu Cünnen, Andrea; Dörner, Astrid; Osman, Yasmin (Finanzkrise 2009), S. 1).

79 Vgl. auch Bundesverband Deutscher Banken (Finanzmarktturbulenzen 2008), S. 53.

80 Vgl. auch Norden, Lars; Weber, Martin (Bewertung 2005), S. 32 und Mestre, Guido del (Rating-Leitfaden 2005), S. 11; zu den Risiken der Kreditverbriefung siehe ausführlich Abschnitt 3.1 dieser Studie.

81 *Asset Allocation* ist der englische Ausdruck für die Strukturierung eines Portfolios. D. h. die Diversifikation eines angelegten Vermögens auf verschiedene Anlageklassen wie Aktien, Anleihen oder Währungen (vgl. ausführlicher Peetz, Dietmar (Einleitung 2005), S.1).

82 Vgl. auch Morkötter, Stefan; Westerfeld, Simone (Ratingagenturen 2008), S. 393 und Rinze, Jens Peter; Klüwer, Arne Cornelius (Securitisation 1998), S. 1699.

83 *PD* steht für probability of default und gibt die prognostizierte Ausfallwahrscheinlichkeit des ersten Euros einer Tranche, bezogen auf einen Zeitraum von einem Jahr, an. Vgl. auch § 88 SolvV und Gaumert, Uwe (Grundsätze 2007), S. 56 und Schwaiger, Walter; Lawrenz, Jochen (Bank 2002), S. 147-148.

der Ratingagentur Standard & Poor`s Corp. (S&P).[84] *Waschbusch* bezeichnet die Ratings als „externe Gütesiegel für die Qualität der emittierten Wertpapiere“[85].

2.2.1.3. Strukturelle Anforderungen und wirtschaftliche Motive der Kernparteien einer ABS-Transaktion[86]

Im Konstrukt einer ABS-Transaktion nehmen die einzelnen Akteure bestimmte Aufgabenbereiche ein. Um dabei einen reibungslosen Ablauf der Verbriefung zu gewährleisten und rechtliche Rahmenbedingungen[87] einzuhalten, werden bestimmte Anforderungen an die Parteien gestellt. Dabei zielt dieser Abschnitt auf die für eine Asset Securitization allgemeingültigen Anforderungen ab, wohingegen in Kapitel 0 weitere Einschränkungen durch das Bankenaufsichtsrecht vorgenommen werden. Auch welche Beweggründe die einzelnen Beteiligten zum Einstieg in eine ABS-Verbriefung haben, gilt es zu analysieren.

Der Forderungsverkäufer (Originator):

Enorme Kosten bedingt durch die hohe Komplexität einer ABS-Finanzierung erfordern sehr große Finanzierungsvolumina.[88] Gerade der Forderungsverkäufer muss sich der Vorteilhaftigkeit der Securitization als Finanzierungsalternative bewusst werden. Doch in diesen ersten Überlegungen, inwiefern eine Verbriefung sinnvoll erscheint, besteht schon das Problem der Bewertung der Vorteilhaftigkeit. Ohne bereits gesammelte Erfahrungen mit diesem Finanzinstrument vorweisen zu können, ist eine Unternehmung auf das Expertenwissen der anderen Parteien schon zu Anfang angewiesen.[89] Einige Motive, die den Originator zur Refinanzierung von Forderungen durch die Emission von ABS bewegen können, sind nachfolgend aufgelistet[90]:

---

84 Vgl. auch Morkötter, Stefan; Westerfeld, Simone (Ratingagenturen 2008), S. 393 und Bluhm, Christian; Overbeck, Ludger (Risikoanalyse 2005), S. 120. S&P gehört zu den weltweit führenden Ratingagenturen (siehe weitere Darlegungen in Abschnitt 5.2.1.3).

85 Waschbusch, Gerd (Unternehmungsfinanzierung 1998), S. 413.

86 Vgl. zum folgenden Abschnitt ausführlich Waschbusch, Gerd (Unternehmungsfinanzierung 1998), S. 415-417.

87 Sowohl Bedingungen aus deutschem, europäischem als auch aus internationalem Recht.

88 Vgl. Bigus, Jochen (Finanzierung 2000), S. 467. Eine Asset Securitization gilt als komplexer und aufwendiger als traditionelle Finanzierungstechniken, da zum einen zahlreiche aufsichtsrechtlichen (siehe Ausführungen des fünften Kapitels), buchhalterischen und allgemeinen juristischen Restriktionen bestehen; es andererseits einer Koordination von einer Vielzahl an Parteien und Verträgen bedarf (vgl. Bär, Hans Peter (Securitisation 2000), S. 335).

89 Vgl. auch Franke, Ulrich (Gesundheitswesen 2008), S. 21.

90 Zu dieser Auflistung vergleiche auch insbesondere Bieg, Hartmut u. a. (IFRS 2009), S. 327-328.

- *Erschließung zusätzlicher Finanzierungsquellen:*

  Durch die Monetarisierung von Forderungsbeständen im Rahmen der wertpapiermäßigen Verbriefung werden sowohl nationale als auch internationale Geld- und Kapitalmärkte für den Originator zugänglich.[91] Neue Investorenkreise werden erschlossen.

- *Bonitätsunabhängige attraktive Kapitalbeschaffung:*

  Die Finanzierung mittels einer Asset Securitization basiert auf der Qualität der zu übertragenden Finanzaktiva und der vereinbarten Credit Enhancements. Somit orientiert sich das Rating der ABS nicht an der Bonität des Forderungsverkäufers. Vor allem Unternehmen, welche keine erstklassige Kreditwürdigkeit aufweisen, sehen in dieser *„bonitätsmäßigen Trennung der Assets vom Originator"*[92] einen Hauptvorteil von Verbriefungen. Sie umgehen dadurch teure und schwierige Ratingverfahren[93] um Kredite zu erhalten.[94]

- *Verbesserung von Finanzkennzahlen:*

  Da dem Originator der Barwert des Einnahmestromes der Assets als Gegenleistung im Voraus zufließt, hat er die Möglichkeit diese vorzeitig gewonnene Liquidität anderweitig gewinnbringend einzusetzen.[95] Ihm eröffnen sich grundsätzlich zwei Alternativen. Zum einen kann er die Mittel für den Abbau bestehender Verbindlichkeiten nutzen. Folglich sinkt die Bilanzsumme, und finanzwirtschaftliche Kennzahlen wie bspw. die Eigenkapitalquote[96] oder der Verschuldungsgrad[97] verbessern sich.

- *Steigerung der Investitionsfähigkeit:*

  Zum anderen kann die zusätzliche Liquidität aber auch in ertragreichere Aktiva als bisher reinvestiert werden. Ohne Einbeziehung neuer Fremd- und Eigenkapitalien steigt so die Investitionsfähigkeit der Unternehmung.[98]

---

91 Vgl. auch Stenner, Frank (Autoindustrie 2009), S. 957.

92 Bär, Hans Peter (Securitisation 2000), S. 101. Der kursive Schriftstil wurde von der zitierten Quelle übernommen.

93 Die Ratingverfahren stehen im Einklang mit der neuen Baseler Eigenkapitalvereinbarung (Basel II); siehe dazu die Ausführungen in Kapitel 0 dieses Werks.

94 Vgl. auch Bloss, Michael u. a. (Subprime-Krise 2009), S. 71.

95 Vgl. auch Stenner, Frank (Autoindustrie 2009), S. 957.

96 Die *Eigenkapitalquote* ist eine Kennzahl zur Bilanzanalyse, bei der das Eigenkapital zum Gesamtkapital in Beziehung gesetzt wird (vgl. Achleitner, Paul u. a. (Lexikon 2002), S. 405). Zum Thema Analyse der Kapitalstruktur siehe weiterführend Bieg, Hartmut; Kußmaul, Heinz (Entscheidungen 2000), S. 247-248.

97 Der *Verschuldungsgrad* – auch Verschuldungskoeffizient genannt – gibt das Verhältnis von Fremdkapital zu Eigenkapital wieder (vgl. Achleitner, Paul u. a. (Lexikon 2002), S. 1345). Zu Überlegungen hinsichtlich des optimalen Verschuldungsgrades siehe Ausführungen von Bieg, Hartmut; Kußmaul, Heinz (Entscheidungen 2000), S. 51-58.

98 Vgl. auch Arbeitskreis Finanzierung der Schmalenbach-Gesellschaft Deutsche Gesellschaft für Betriebswirtschaft e. V. (Asset Backed Securities 1992), S. 519.

- *Regulierungsarbitrage:*

  Ein weiterer Vorteil ergibt sich für Finanzintermediäre als Forderungsverkäufer bei einer ABS-Transaktion. Sie müssen nach dem *Eigenmittelgrundsatz I*[99] ihre gewichteten Risikoaktiva mit Eigenkapital unterlegen. Durch „das Herausschneiden von Kreditforderungsbeständen“[100] müssen folglich keine Eigenmittel für diese Forderungen mehr gebunden werden. Neugeschäfte können abgeschlossen werden. Allerdings setzt diese Wirkung voraus, dass der Risikoverkäufer aufsichtsrechtlich auch in dem Umfang entlastet wird, in dem er seine Risiken an andere Marktteilnehmer weiterreicht.[101]

Als Originator kommt theoretisch jede Unternehmung in Betracht, sofern ein ausreichend großer Forderungsbestand existiert oder in Zukunft entstehen wird.[102]

Die Zweckgesellschaft (SPV):

Die Bezeichnung „Einzweckgesellschaft“ für das SPV ist nicht ganz zutreffend, da es meist mehrere Zwecke nebeneinander verfolgt, wie z. B. das Ausnutzen steuerlicher Vorteile oder die Verhinderung einer Konsolidierung im Konzern.[103] Um das Nutzenpotenzial des Finanzierungsvehikels voll ausschöpfen zu können, kommt ihrer konkreten Ausgestaltung entscheidende Bedeutung zu.[104] Dabei sind Fragestellungen steuerlicher und (konzern-)bilanzieller Natur zu klären.

Hinsichtlich des Forderungsverkaufs ist sicherzustellen, dass die Assets vom Originator an das SPV rechtswirksam übertragen und übergegangen sind („echter Verkauf“). Das deutsche Recht verlangt eine Zession nach § 398 ff. BGB als rechtswirksame Forderungsabtretung. Durch die Tatsache, dass der Originator von nun an kein Inhaber der Forderungen mehr ist, wird sichergestellt, dass in dessen Insolvenzfall den Investoren auch keinen Zugriff mehr auf die verbrieften Aktiva gestattet wird.[105]

Den Gedankengang auf Konzernebene fortführend, ist zu entscheiden, ob die Zweckgesellschaft in den Konsolidierungskreis des Originators fällt oder nicht. Maßgebend für diese Ent-

---

99 Der Grundsatz I, welcher erstmals 1962 vom Bundesaufsichtamt für das Kreditwesen veröffentlicht wurde, bildet den historischen Kern des heutigen Regelungswerks von Basel II (vgl. Nirk, Rudolf (Kreditwesengesetz 2008), S. 104-105); Erläuterungen zum historischen Kontext der neuen Baseler Eigenkapitalvereinbarung (Basel II) beinhaltet Kapitel 4.

100 Waschbusch, Gerd (Unternehmungsfinanzierung 1998), S. 416.

101 Vgl. Rudolph, Bernd (Risikotransferinstrumente 2005), S. 179.

102 Vgl. auch Franke, Ulrich (Gesundheitswesen 2008), S. 21.

103 Vgl. Schultz, Florian (Special Purpose Vehicle 2001), S. 705.

104 Vgl. Bär, Hans Peter (Securitisation 2000), S. 104.

105 Vgl. Bartelt, Niklas (Asset-Backed Securities 1999), S. 12-13.

scheidung sind die Regelungen des IAS 27.[106] Wird zunächst davon ausgegangen, dass das SPV nicht konsolidiert wird, so ist i. S. d. IAS 39.18 und anschließend anhand des *risks and rewards approach* zu untersuchen, ob die Forderungen vom Originator an die Zweckgesellschaft definitionsgemäß übertragen wurden. Liegt dieser Tatbestand vor, wird in weiteren Schritten nach den Regelungen des IAS 39 überprüft, ob der Originator im Wesentlichen alle Risiken und Chancen behalten hat und, ob die Zweckgesellschaft die Forderungen tatsächlich veräußern kann.[107] Nur durch Berücksichtigung aller wirtschaftlichen und bilanziellen Anforderungen wird gewährleistet, dass die gewünschte bilanzentlastende Wirkung der ABS-Transaktion nicht durch eine Konsolidierung der SPV in den Konzern neutralisiert wird.[108] Denn „bilanzielles Hauptziel der Gestaltungen ist es, die veräußerten Forderungen aus der Handelsbilanz auszubuchen und statt ihrer die als Kaufpreis zufließenden liquiden Mittel ausweisen zu können"[109].

Weiterhin ist die Frage nach der Insolvenzsicherheit des SPV selbst – die sog. *Bankruptcy Remoteness*[110] – zu klären. Investoren wollen davor geschützt werden, dass eine Insolvenz der Zweckgesellschaft als Emittent die Bedienung der Wertpapiere negativ beeinflusst. Um diese Problematik zu minimieren, sollte das SPV den geschäftspolitischen Zweck ausschließlich auf den Ankauf der Finanzaktiva und deren Refinanzierung über die Emission der ABS-Papiere begrenzen.[111] Deshalb werden die Aktivitäten des SPV statutarisch meist auf diese beiden Bereiche beschränkt, wodurch das allgemeine Geschäfts- und Management-Risiko minimiert werden kann. Außerdem dürfen keine weiteren Verbindlichkeiten eingegangen werden, außer

---

106 Nach IAS 27 ist das *Control*-Konzept zu beachten, welches besagt, dass Unternehmen, welche vom Mutterunternehmen beherrscht werden, konsolidiert werden. Dabei wird nach IAS 27.13 dann eine Beherrschung angenommen, wenn das Mutterunternehmen direkt oder indirekt mehr als die Hälfte der Stimmrechte an dem anderen Unternehmen hält. Diese Bestimmung wird i. d. R. von den Beteiligten einer ABS-Transaktion mittels ausgestalteter Beteiligungsverhältnisse umgangen. Deswegen wurde vom IASB eine eigenständige Vorschrift (SIC 12) zur Konsolidierung von Zweckgesellschaften geschaffen, welche auf den wirtschaftlichen Gehalt der Beherrschung abzielt. Obwohl SIC 12.10 einige Umstände für die Einbeziehung nennt, existiert durch die relativ allgemein gehaltenen Kriterien ein gewisser Ermessensspielraum (vgl. ausführlich Bieg, Hartmut u. a. (IFRS 2009), S. 329-331 und Thelen-Pischke, Hiltrud (Konsolidierung 2009), S. 940-941).

107 Die Veräußerbarkeit der Forderungen ist für das SPV erst dann gegeben, wenn die Verfügungsmacht vom Originator auf das Finanzierungsvehikel übergangen ist. Vgl. zu diesem Absatz detailliertere Ausführungen von Käufer, Anke (Übertragung 2009), S. 284-296.

108 Vgl. Schultz, Florian (Special Purpose Vehicle 2001), S. 707.

109 IDW (Bilanzierung 2001), S. 1399.

110 Vgl. insbesondere Franke, Ulrich (Gesundheitswesen 2008), S.155; Bär, Hans Peter (Securitisation 2000), S. 109-113 und Baseler Ausschuss für Bankenaufsicht (Special Purpose Entities 2009), S. 2.

111 Ein Ausschluss einer *Bankruptcy Remoteness* des SPV ist per Gesetz nicht garantiert (vgl. insbesondere Kothari, Vinod (Securitization 2006), S. 636-641).

diese hätten mindestens ein den ABS entsprechendes Rating. Damit wird die Gefahr, die ABS wegen zu hoher Zinsbelastungen nicht mehr bedienen zu können, gemindert.[112]
Auch die Wahl des Standortes und der Rechtsform ist für die Wirtschaftlichkeit entscheidend. Wie schon in Abschnitt 2.1.2 hervorgehoben, wird versucht eine steuerbefreiende Wirkung durch das SPV zu erzielen.[113]

Die Investoren:
Aufgrund sehr großer Forderungsvolumina kommen als Käufer der ABS-Papiere vor allem institutionelle Investoren in Frage. Sie bauen in erster Linie auf die niedrigen Risiken, die eine klassische Transaktion aufgrund ihrer Struktur und den Credit Enhancements beinhalten sollte.[114] Die Inhaber von Asset-Backed Securities tragen letztlich nur das Kreditrisiko der im Portfolio enthaltenen Forderungen. Gleichzeitig profitieren sie von ihrer Ertragsstärke. ABS-Emissionen bieten bei annähernd gleichem Risiko im Vergleich zu anderen Schuldtiteln, wie bspw. Staatsanleihen, eine deutlich höhere Verzinsung bei derselben Laufzeit und demselben Rating.[115]

2.2.1.4. Tranchierung eines Forderungspools[116]

Als ein Charakteristikum des Marktes für strukturierte Finanzprodukte gilt die Anwendung des Subordinationsprinzips.[117] Dabei wird aus Sicherheits- und Renditeüberlegungen die Emission durch das sog. *Tranching* oder die *Tranchierung* in mehrere Wertpapierklassen unterschiedlichster Priorität disaggregiert.[118] Ziel dieser Technik ist es, einen Satz von Investmentprodukten zu erzeugen, die zwar auf demselben zugrunde liegenden Portfolio basieren, jedoch unterschiedliche Risikocharakteristika beinhalten. Diese unterschiedlichen Finanzie-

112 Vgl. zu diesem Absatz Arbeitskreis Finanzierung der Schmalenbach-Gesellschaft Deutsche Gesellschaft für Be-triebswirtschaft e. V. (Asset Backed Securities 1992), S. 504-505 und Bär, Hans Peter (Securitisation 2000), S. 104-105.

113 Vgl. zur Standortwahl der Zweckgesellschaft die Ausführungen von Schultz, Florian (Special Purpose Vehicle 2001), S. 718-729 und Häuselmann, Holger; Hechler, Judith (Besteuerung 1999), S. 34-35.

114 Vgl. Bär, Hans Peter (Securitisation 2000), S. 95.

115 Vgl. zu diesem Absatz Waschbusch, Gerd (Unternehmungsfinanzierung 1998), S. 417 und Bloss, Michael u. a. (Subprime-Krise 2009), S. 71.

116 Vgl. zu diesem Abschnitt insbesondere Bieg, Hartmut (Finanzmarktkrise 2009), S. 68 und Gisdakis, Philip (Kreditportfolio-Tranchierung 2008), S. 6-12.

117 Vgl. auch zu den weiteren Charakteristika strukturierter Finanzprodukte (Isolierung der Kreditforderungen und des Kreditrisikos, sowie Pooling von Forderungen) Krahnen, Jan Pieter (Kreditrisiken 2005), S. 503.

118 Vgl. auch Rudolph, Bernd; Scholz, Julia (Pooling 2007), S. 539. Die unterschiedlichen Tranchen stehen in einem *Nachrangigkeitsverhältnis* zueinander (vgl. Dorendorf, Bettina; Wessendorf, Anne (Wertpapiere 2010), S. 880).

rungschichten (*Tranchen*[119]) werden nach dem Subordinationsprinzip, oder auch Wasserfall-Prinzip genannt, in einer vorab festgelegten Reihenfolge mit den eingehenden Cash-Flows aus dem unterlegten Asset-Pool bedient.[120] Abbildung 3 veranschaulicht dieses Prinzip.

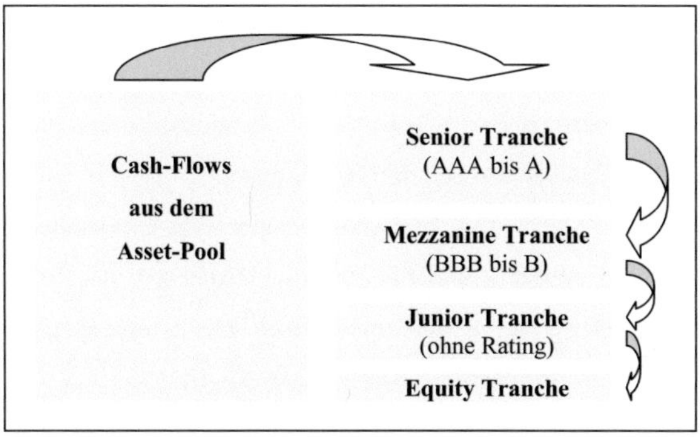

Abb. 3: Subordinationsprinzip[121]

Kaskadenartig fließen die Zins- und Tilgungszahlungen zunächst in die erste, höchstrangige Tranche, die *Senior Tranche*. Ihre Wertpapiere weisen wegen des geringen Ausfallrisikos meist AAA-Ratingeinstufungen auf.[122] Das Volumen einer Senior Tranche kann in vielen Fällen bei 80 % bis 90 % des Portfolioumfangs angesetzt werden.[123] Erst wenn ihre Ansprüche vollends befriedigt sind, wird die verbleibende Liquidität für die nachfolgenden Tranchen verwendet. Es folgen mindestens eine, in der Praxis aber meist mehrere Tranchen (*Mezzanine und Junior Tranche*[124]). Nach dem Prinzip den eingehenden Zahlungsstrom von „oben nach unten" an die Investoren zu verteilen, folgt eine eventuelle Verlustbeteiligung von „unten nach oben".[125] So trägt die nachrangigste, die *Equity Tranche* zunächst alle Verluste bis zu

119 Eine *Tranche* ist ein „vertraglich festgelegtes Segment des mit ein oder mehreren Forderungen verbundenen Kreditrisikos, wobei eine Position in diesem Segment [...] mit einem größeren oder geringeren Verlustrisiko behaftet ist als eine Position gleicher Höhe in jedem anderen dieser Segmente" (Bankenrichtlinie 2006), S. 15).

120 Vgl. auch Rudolph, Bernd (Risikotransferinstrumente 2005), S. 178 und Hartmann-Wendels, Thomas; Pfingsten, Andreas; Weber, Martin (Bankbetriebslehre 2007), S. 304. Die darin enthaltenen Bezeichnungen zur Verdeutlichung der Rangfolge (*equity/ junior/ mezzanine/ senior*) sind auch bspw. für Benennungen unterschiedliche Verbriefungsvarianten (siehe vor allem Abschnitt 2.2.2) synonym zu verwenden.

121 Modifiziert entnommen aus Rudolph, Bernd; Scholz, Julia (Pooling 2007), S. 539.

122 Vgl. auch Rudolph, Bernd u. a. (Kreditrisikotransfer 2007), S. 51und PricewaterhouseCoopers (Anforderungen o. J.), S. 1. Ein Beispiel einer Rating-Einstufung gibt Anlage 2 im Anhang dieser Studie wieder.

123 Vgl. auch Rudolph, Bernd (Marktsegment 2005), S. 17.

124 Die *Junior Tranche* weist in aller Regel kein Rating auf.

125 Vgl. auch TSI-GmbH (Wasserfall-Prinzip o. J.), S.1.

einer Höhe von meist 2 % bis 3 % des verbrieften Portfolios.[126] Sie bietet aber höhere Risikoprämien als ihre im Rang vorstehenden Tranchen, wovon i. d. R. besser informierte Anleger ihren Nutzen ziehen.[127] In vielen Fällen ist die Equity Tranche zugleich das First Loss Piece (*First Loss Tranche* (FLP)). Es wird typischerweise vom Originator einbehalten, so dass der ganz überwiegende Teil der Kreditrisiken beim Forderungsverkäufer verbleibt. Dadurch behält der Forderungsverkäufer einen großen Anreiz, weiterhin sein Kreditportfolio zu überwachen und zu kontrollieren (*Credit Monitoring*).[128] Er bietet dadurch gleichzeitig gegenüber anderen Beteiligten der Transaktion Schutz vor Verlusten.[129]

Da bei der Tranchierung gemäß der Verlustzuweisung jeder Investor das für ihn geeignete Risikoprofil erhält, wird deutlich, welche immense Bedeutung der exakten Position einer Tranche in der Kapitalstruktur einer ABS zukommt.[130] Dazu berechnen Ratingagenturen aus der Kreditqualität und der Struktur des Asset-Pools die Verlustverteilung anhand der Ausfallwahrscheinlichkeit und des erwarteten Verlustes einer Tranche. Das vergebene Rating gibt dann die Einschätzung des Risikogehalts der Tranche wieder.[131]

2.2.1.5. Credit-Enhancement-Techniken[132]

Zur Absicherung der Kreditverbriefung stehen interne und externe Sicherungsinstrumente zur Verfügung, je nachdem wer am Ende der Risikoträger ist, d. h. den Schaden des Ausfalls übernimmt.[133] So sollen die Investoren vor einer allzu starken Risikoexposition geschützt bzw. der Risikogehalt einzelner ABS-Tranchen gezielt auf das unterschiedliche Risikoprofil potenzieller Investoren zugeschnitten werden.[134] Dabei können Credit-Enhancement struktureller Natur[135] sein, durch eine dritte Partei verursacht oder vom Originator ausgehen.[136] So definiert der *Baseler Ausschuss für Bankenaufsicht* (Basel Committee on Banking Supervisi-

---

126 Vgl. auch Hartmann-Wendels, Thomas (Aufsichtsdefizite 2007), S. 640.

127 Vgl. auch Tolkschmitt, Volker (Bankbetriebslehre 2007), S. 226.

128 Vgl. auch Rudolph, Bernd (Risikotransferinstrumente 2005), S. 180.

129 Vgl. auch Gehrmann, Volker; Haaf, Hermann (Forderungsverbriefungen 2004), S. 470.

130 Vgl. auch Poppel, Michael (Kreditderivate-Indizes 2005), S. 1264.

131 Vgl. zu diesem Absatz Steurer, Stefan (Rückenwind 2006), S. 6-7. *Subordinationshöhe* und *Tranchendicke* sind für diese Bestimmung wesentliche Risikoparameter (vgl. zur detaillierten Berechnung der Risikoparameter Gisdakis, Philip (Kreditportfolio-Tranchierung 2008), S. 6-7).

132 Vgl. zu diesem Abschnitt insbesondere Bär, Hans Peter (Securitisation 2000), S. 207-228.

133 Vgl. auch Weber, Thorsten (Risikotransfer 2006), S. 23 und Franke, Ulrich (Gesundheitswesen 2008), S. 26.

134 Vgl. auch Emse, Cordula (Kreditinstitute 2005), S. 49.

135 Strukturelle Ansätze am Zahlungsstrom und die Einsatz der Tranchierung sind mögliche Maßnahmen.

136 Vgl. auch Fabozzi, Frank; Kothari, Vinod (Introduction 2008), S. 86 und Kothari, Vinod (Securitization 2006), S. 211-212.

on)[137] Credit Enhancement als „eine vertragliche Vereinbarung, bei der die Bank eine Verbriefungsposition zurückbehält oder übernimmt und dadurch im Ergebnis anderen Beteiligten an der Transaktion einen gewissen zusätzlichen Schutz vor Verlusten bietet“[138].

Im Vordergrund interner Credit-Enhancement-Techniken steht zusätzlich zur Aufteilung der Risiken auf unterschiedliche Wertpapiertranchen (*Subordination*), die Bildung von Reservekonten (*Spread Account*), auf diese die Differenz zwischen den Ein- und Auszahlungen eingezahlt werden.[139] Ebenfalls ist es möglich beschränkte Rückkaufszusagen von Seiten des Originators festzulegen oder Kreditausfallgarantien zu übernehmen (*Originator Recourse).* Eine Technik, bei der das abgetretene Vermögen größer als der Nominalwert der ABS-Papiere ist, wird als *Übersicherung* oder *Overcollateralization* bezeichnet.[140] Dadurch wird sichergestellt, dass bei Zahlungsausfällen die Cash-Flows zur Bedienung der Zins- und Tilgungszahlungen an die Investoren ausreichen. Eine weitere Credit-Enhancement-Technik ist die Ausplatzierung einer nachrangigen Verbriefungstranche an einen Investor bei gleichzeitiger Vereinbarung einer *Zinsunterbeteiligung* (*Interest Subparticipation* (ISP)).[141]

Bei externen Besicherungsmaßnahmen verpflichten sich Drittparteien – meist Banken oder Versicherungen – im Falle von Zahlungsverzögerungen oder bei Zahlungsausfällen an die Stelle des Schuldners zu treten. So gilt der sog. *Letter of Credit* als ein Zahlungsversprechen (Verpflichtung) einer akzeptierten Bank, für den Forderungsausfall bis zu einem im Voraus vereinbarten Betrag aufzukommen.[142] Weitere externe Credit-Enhancement können Bürgschaften, Garantien oder Patronatserklärungen darstellen. Die insbesondere bei ABCP ver-

---

137 Der Baseler Ausschuss für Bankenaufsicht wurde 1974 i. R. der Bank für Internationalen Zahlungsausgleich gegründet und dient dem Informationsaustausch über nationale bankenaufsichtsrechtliche Vorschriften und einem Vergleich der unterschiedlichen staatlichen Überwachungssysteme (vgl. Achleitner, Paul u. a. (Lexikon 2002), S. 158).

138 Baseler Ausschuss für Bankenaufsicht (Eigenkapitalanforderungen 2006), S. 137, Abs. 546. Diese Vereinbarung spiegelt sich in dem Zurückbehalt des First Loss Tranche wider (siehe Ausführungen in Abschnitt 2.2.1.4).

139 Vgl. auch Franke, Ulrich (Gesundheitswesen 2008), S. 27. Das Reserve-Konto wird i. d. R. vom Treuhänder verwaltet.

140 Bspw. ist der Wert des abgetretenen Asset-Pools um 10 % höher als der Wert der den Investoren zufließenden Zahlungen.

141 Die in erster Linie bei synthetischen Strukturen (siehe Ausführungen in Abschnitt 2.3.2) eingesetzte Besicherungsmaßnahme wird meist mit einem Junior-CDS oder der Equity-Tranche einer ABS-Emission verbunden. So übernimmt ein Investor bspw. die Equity-Tranche und verpflichtet sich zunächst jeden auftretenden ersten Verlust bis zur max. Höhe der First Loss-Tranche zu tragen. Dieser aus Sicht des Originators relativ teuren Absicherung wirkt die Vereinbarung einer Zinsunterbeteiligung entgegen. Die ausplatzierende Bank verpflichtet sich gegenüber dem Investor zur Kompensation der Verluste, sodass die hohe Zinsbelastung für die Erstverlustposition reduziert wird. Die ISP ist von ihrer ökonomischen Wirkung im Hinblick auf die Risikosituation mit dem Rückbehalt der Erstverlustposition durch den Forderungsverkäufer vergleichbar.Vgl. Emse, Cordula (Kreditinstitute 2005), S. 62 und S. 158.

142 Vgl. auch Kothari, Vinod (Securitization 2006), S. 220.

wendete Technik, der in Abschnitt 2.2.2.4 aufgezeigten, *Liquiditätsfazilitäten* ist ebenfalls unter externe Besicherungsmaßnahmen subsumierbar. Bei ABS-Transaktionen besteht auch die Notwendigkeit einer Vereinbarung über ein Zins- oder Währungsabsicherungsgeschäft (*Swap*[143]), falls der Zeitpunkt eingehender Forderungs- bzw. Zinszahlungen mit dem Zeitpunkt der ABS-Auszahlungen differiert und sich daraus Zinsänderungsrisiken ergeben.[144] Die Höhe respektive der Umfang solcher Sicherungsmaßnahmen, welche ein angemessenes Rating der ABS erfordert, wird von der Ratingagentur festgelegt und ist von Transaktion zu Transaktion verschieden.[145]

2.2.2. Varianten von Forderungsverbriefungen

2.2.2.1. MBS – Mortgage-Backed Securities

Die größte Gruppierung innerhalb der Asset-Backed Securities bilden die *Mortgage-Backed Securities* (MBS). In der sog. „EMEA"-Region[146] betrug ihr Emissionsvolumen im ersten Halbjahr 2009 106,02 Mrd. €. Bei einem Transaktionsvolumen aller Verbriefungen i. H. v. 171 Mrd. € entfällt auf die MBS somit ein prozentualer Anteil von 62 %. Ihre Assets, welche Immobilienkredite bzw. Hypothekendarlehen auf Immobilien darstellen, lassen eine weitere Differenzierung in dieser Gruppe zu.[147] Handelt es sich um Kredite, die von den Obligatoren für private Baufinanzierungen aufgenommen wurden, so bezeichnet man die sich daraus ergebenden ABS-Papiere als *Residential Mortgage-Backed Securities* (RMBS).[148] Auf sie entfielen im ersten Halbjahr 2009 rund 53 % des verbrieften Kreditvolumens der „EMEA"-Region. Werden demgegenüber Finanzierungsforderungen aus gewerblich genutzten Immobilien für eine Verbriefungstransaktion gebündelt, nennt man diese Wertpapiere *Commercial*

143 Zur Gruppe derivativer Finanzinstrumente gehörend, wird ein *Swap* überwiegend zur Absicherung gegen Zins- oder Währungsrisiken eingesetzt. Auf nähere Erläuterungen zu diesem Instrument wird i. R. dieser Studie bewusst verzichtet.

144 Vgl. zu diesem Absatz Franke, Ulrich (Gesundheitswesen 2008), S. 27-28.

145 Vgl. auch Fabozzi, Frank; Kothari, Vinod (Introduction 2008), S. 85.

146 Die Ratingagentur Moody´s grenzt zur Betrachtung von Verbriefungstransaktionen das Gebiet Europa, Naher Osten und Afrika ab. Den Schwerpunkt der Aktivitäten bildet Europa. Bezeichnet wird der abgegrenzte Bereich als „EMEA"-Region.

147 Vgl. Heldt, Cordula (Kreditportfolios 2009), S. 2.

148 Vgl. Schuh, Dirk; Kebbel, Gerhard (Bewertungsansätze 2009), S. 56.

Mortgage-Backed Securities (CMBS).[149] Ihr prozentualer Anteil am betrachteten Verbriefungsmarkt betrug im ersten Halbjahr 2009 9 %.[150]

Dieser Löwenanteil der MBS am gesamten europäischen[151] Verbriefungsmarkt lässt sich auf mehrere Gründe zurückführen. Einerseits verfügen die Banken über das notwendige Know-How, um derartige Strukturen zu platzieren, andererseits auch über entsprechend große Volumina im Kreditgeschäft, das nicht über Hypothekenbanken als Pfandbrief platziert ist.[152] Da ein Hypothekenkredit[153] ein Darlehen ist, das selbst durch einen zugrunde liegenden Vermögenswert besichert ist, gelten die MBS als ABS-Papiere mit geringem Kreditrisiko.[154] Die Voraussetzung dafür muss aber bereits bei der Kreditwürdigkeitsprüfung im Rahmen der Vergabe von Hypothekendarlehen erfolgen. Wie bei den anderen Forderungsbeständen muss die Kreditvergabe auf die Bonität des Schuldners abgestellt werden. Vergleicht man diesbezüglich die zurückliegende Kreditvergabepolitik in den USA, waren die aus den Wohnungsbaufinanzierungen resultierenden RMBS mit enormen Kreditrisiken seitens der Immobilienkäufer behaftet. An Kreditnehmer, die sich durch eine hohe Ausfallwahrscheinlichkeit aufgrund ihres geringen Einkommens und Vermögens, einer inkonsistenten Kredithistorie und anderen Merkmalen, die das Ausfallrisiko für Banken erhöhen, auszeichnen, wurde ohne jegliches Eigenkapital Immobilienkredite vergeben.[155] Diese im Anschluss verbrieften Wertpapiere, welche die Bezeichnung „Subprime-Verbriefungen" erhalten haben, gelten als Mitverursacher der aktuellen Finanzkrise.[156]

Zusätzlich liegt das Augenmerk auf dem Finanzierungsobjekt, also der beabsichtigen Kreditverwendung, selbst. Es sollte bei der Ermittlung des Beleihungswerts[157] der als Sicherheit

---

149 Vgl. Kern, Marco (Kreditrisikotransfer 2008), S. 70-71; Bloss, Michael u. a. (Subprime-Krise 2009), S. 74-75; Rudolph, Bernd u. a. (Kreditrisikotransfer 2007), S. 38-39; Heinrich, Markus; Grützemacher, Thomas (Kreditpooling 2005), S. 386 und Bellmann, Sabine (Risikomanagement 2002), S. 27-28.

150 Vgl. zu den statistischen Angaben dieses Absatzes KfW-Bankengruppe (Verbriefungsmarkt 2009), S. 1.

151 Im Weiteren wird die „EMEA"-Region verallgemeinert als europäischen Raum bezeichnet.

152 Vgl. hierzu Heinrich, Markus; Grützemacher, Thomas (Kreditpooling 2005), S. 386.

153 Zum gesetzlichen Inhalt einer Hypothek siehe Eickmann, Dieter (Kommentar 2009), Rn. 1-96.

154 Vgl. Rudolph, Bernd; Scholz, Julia (Pooling 2007), S. 539. Das besondere Qualitätsmerkmal der MBS liegt in der grundpfandrechtlichen Besicherung der Forderungen (vgl. Fahrholz, Bernd (Unternehmensfinanzierung 1998), S. 234).

155 Vgl. Bloss, Michael u. a. (Subprime-Krise 2009), S. 20. Da diese Gruppe potenzieller Käufer sehr groß war, prägte die Fachwelt für sie einen eigenen Namen: *Ninja's*, no income, no job and assets (vgl. Bieg, Hartmut (Finanzmarktkrise 2009), S. 66).

156 Vgl. Oettke, Karl (Bankwirtschaft 2009), S. 879. CMBS beinhalten dagegen ein niedrigeres Ausfallrisiko, da alle gewerblichen Hypothekenkredite durch ertragsgenerierende Immobilien gedeckt sind (vgl. Bloss, Michael u. a. (Subprime-Krise 2009), S. 77).

157 Der *Beleihungswert* ist ein Wert, der einem Beleihungsgegenstand (Grundstück, Erbbaurecht, Wohnungseigentum, Teileigentum, Dauerwohnrecht, Schiff- und Schiffbauwerk) unter Berücksichtigung aller maßgebenden Umstände beigemessen wird (vgl. Achleitner, Paul u. a. (Lexikon 2002), S. 176).

dienenden Grundstücke ein Sicherheitspuffer im Verhältnis Darlehensvaluta und Beleihungswert eingehalten werden.[158] So wurden in den USA Kredite bis zu 120 % des Kaufpreises, meist mit vereinbarter Zins- und Tilgungsbefreiung für die ersten Monate, vergeben.[159] Weiterhin war für die erfolgreiche Entstehung des Marktes für MBS die Unterstützung durch mehrere Subventionsagenturen der US-Regierung ausschlaggebend. Diese unter den Namen *Freddie Mac* und *Ginni Mae* bekannten Institutionen mussten allerdings als Folge der US-Immobilienkrise frühzeitig verstaatlicht werden.[160]

2.2.2.2. ABS im engeren Sinne

Im Gegensatz zu den im vorherigen Abschnitt 2.2.2.1 behandelten MBS ist die durchschnittliche Größe der einzelnen Forderungen bei den ABS i. e. S. sehr klein.[161] Ihr Anteil am europäischen Verbriefungsmarkt lag bei 16 % im ersten Halbjahr 2009; das entspricht einer Emissionsgröße von 27,36 Mrd. €.[162] Die Palette der zugrunde liegenden Assets beinhaltet u. a. Konsumentenkredite, Kreditkartenforderungen, öffentliche Forderungen sowie Forderungen aus Kfz-Finanzierungen und Leasing.[163]

Der enorme weltweite Absatzeinbruch in der Automobilindustrie im laufenden Jahr 2009 könnte dazu führen, dass gerade die Automobil-ABS gleichwohl zu einer notwendigen Belebung der Märkte beitragen und hierbei „eine Führungsposition übernehmen“[164] kann. Denn die konzerneigenen Autofinanzierer, die Autobanken, bilden gerade in Deutschland das Rückgrat für die Finanzierung der automobilen Wertschöpfungskette. Sie haben die Möglichkeit sich über Verbriefungen ihrer Kredit- und Leasingfinanzierungen zu refinanzieren. Dabei erfüllen diese Assets in hohem Maße die Voraussetzungen (siehe Ausführungen in Abschnitt 2.2.1.2) für eine erfolgreiche Verbriefung. Wegen ihrer großen Homogenität, die sich auch

---

158 Vgl. zu diesem Absatz und zu weiteren MBS-Spezifischen Anforderungen an den Forderungsbestand Kürn, Christoph (Mortgage-Backed Securities 1997), S. 67-70.

159 Vgl. o. V. (Finanzmarktkrise 2008), S. 1.

160 Dem amerikanischen Steuerzahler kostete die Verstaatlichung von Fannie Mae (Federal National Mortgage Association) und Ginni Mae (Government National Mortgage Association) 300 Mrd. USD (vgl. Rudolph, Bernd u. a. (Kreditrisikotransfer 2007), S. 38; Blundell-Wignall, Adrian; Atkinson, Paul; Lee, Se Hoon (Crisis 2008), S. 4 und Bieg, Hartmut (Finanzmarktkrise 2009), S. 67).

161 Vgl. detaillierte Übersicht in Hartmann-Wendels, Thomas; Pfingsten, Andreas; Weber, Martin (Bankbetriebslehre 2007), S. 303.

162 Vgl. zu den statistischen Angaben KfW-Bankengruppe (Verbriefungsmarkt 2009), S. 2.

163 Vgl. Heinrich, Markus; Grützemacher, Thomas (Kreditpooling 2005), S. 386 und Heldt, Cordula (Kreditportfolios 2009), S. 2.

164 Stenner, Frank (Autoindustrie 2009), S. 959.

aus strengen gesetzlichen und mit den Investoren vereinbarten Regularien[165] ergibt, erhält der Forderungspool der Automobil-ABS eine gute Segmentierbarkeit und Transparenz.[166] Auch das Verbriefungsvolumen für eine Transaktion ist ausreichend. So wurden bspw. bei einer der sog. DRIVER-Verbriefungstransaktionen der Volkswagen Financial Services AG Forderungen von rund 110.000 Kreditverträgen gebündelt.[167]

2.2.2.3. CDO – Collateralized Debt Obligations

Die dritte Gruppierung innerhalb der ABS i. w. S. stellen die *Collateralized Debt Obligations* (CDO) dar. Bei einem Emissionsvolumen von 37,62 Mrd. € im ersten Halbjahr 2009 lag ihr Anteil am europäischen Verbriefungsmarkt bei 22 %.[168] Die CDO bilden einen Korb von *Collateralized Loan Obligations* (CLO) mit bestehenden und zukünftigen Kreditforderungen einer Bank als unterlegten Vermögenswerten, *Collateralized Bond Obligations* (CBO) mit Unternehmensanleihen als Basis und *Collateralized Synthetic Obligations* (CSO) mit Derivaten als Vermögenswerten.[169] Ein Charakteristikum dieser Gruppe ist ihr inhomogener Forderungspool, in dem Buchforderungen oder Wertpapierforderungen unterschiedlichster Bonität gebündelt werden.[170]

Als eine Form der CLO haben sich vor allem die Mittelstands-CDO auf dem deutschen Kapitalmarkt etabliert. Ihre Entwicklung wird von der KfW-Bankengruppe durch die standardisierten Plattformen PROMISE[171] und PROVIDE[172] unterstützt. Dort wird den Kreditinstituten ermöglicht, die Risiken aus Mittelstands- und Wohnungsbaukrediten am Kapitalmarkt zu platzieren. Auch kleineren Banken wird so durch die Bereitstellung einer standardisierten

---

165 Die Regularien beziehen sich sowohl auf einzelne Verträge (Contract Criteria) als auch auf den zu selektierenden Pool (Pool Criteria) (vgl. dazu Teille, Karl; Heeren, Georg (Effizienz 2009), S. 30). Auf die bankgesetzlichen Anforderungen wird insbesondere in Kapitel 0 dieses Werks eingegangen.

166 Vgl. Rudolph, Bernd; Scholz, Julia (Pooling 2007), S. 539.

167 Vgl. zu diesem Absatz Stenner, Frank (Autoindustrie 2009), S. 956-959; Ausführungen zu DRIVER-Verbriefungstransaktionen sind zu entnehmen aus Teille, Karl; Heeren, Georg (Effizienz 2009), S. 30.

168 Vgl. zu den statistischen Angaben KfW-Bankengruppe (Verbriefungsmarkt 2009), S. 2.

169 Vgl. Heldt, Cordula (Kreditportfolios 2009), S. 2 und Krahnen, Jan Pieter (Kreditrisiken 2005), S. 500.

170 Vgl. Rudolph, Bernd; Scholz, Julia (Pooling 2007), S. 539 und Rudolph, Bernd (Risikotransferinstrumente 2005), S. 178.

171 PROMISE steht für Promotional Mittelstands Loan Securitisation und wurde von der KfW Ende 2000 aufgelegt. Es unterstützt die Verbriefung von Mittelstandskreditportfolien.

172 Seit Oktober 2001 wurde für die Verbriefung von privaten Wohnungsbaudarlehen zusätzlich das Programm PROVIDE (Provide-Residential Mortgage Securitisation) eingerichtet.

Infrastruktur[173] der Zugang zum Kapitalmarkt gewährt. Die KfW fungiert dabei als wettbewerbsneutraler Intermediär.[174] Durch die Zusammenarbeit der KfW mit den Banken wurde das wohl größte Verbriefungsprogramm in Europa geschaffen.[175]

Im Gegensatz zu den MBS und ABS i. e. S. befinden sich die Assets bei den CDO nicht zwingend auf der Bilanz eines Originators, sondern werden gezielt durch den CDO-Manager zusammengestellt.[176] Ebenfalls ist zu beobachten, dass immer mehr Forderungen nicht mehr tatsächlich abgetreten werden, sondern der Risikotransfer synthetisch über Kreditderivate erfolgt.[177]

Auch beinhalten CDO Verbriefungen zweiter Ordnung.[178] Diesen Verbriefungsformen, die auch als *Wiederverbriefungen*, *Resecuritizations* oder *CDO auf ABS* bezeichnet werden, liegen nicht nur Forderungen oder Anleihen zugrunde. Verbriefungspapiere bspw. RMBS selbst werden wieder zum Objekt einer Verbriefung und Bestandteil des Pools.[179] Berücksichtigt man dabei die mögliche Größenordnung einer Transaktion solch einer doppelstöckigen Verbriefungsstruktur[180], so kann eine Komplexität erreicht werden, die „eine Fundamentalanalyse auf Ebene des Einzelkredits praktisch unmöglich macht"[181]. Um bspw. die Senior Tranche einer CDO zu schützen, behilft man sich sog. *Trigger-Events*. Das sind Schwellenwerte[182], bei deren Überschreiten entweder die eingehenden Zinszahlungen komplett der obersten Tranche zugeleitet werden oder die komplette Transaktion liquidiert werden kann.[183]

---

173 Die Standardisierung beruht auf vordefinierten Auswahlkriterien für Referenzportfolien, einheitlichen Ratings und Tranchenbildungen (vgl. auch zur detaillierten Beschreibung der Programme KfW-Bankengruppe (Promise o. J.), S. 2-5).

174 Vgl. Hartschuh, Thomas; Grimm, Simon; Haider, Andreas (Kreditportfoliosteuerung 2007), S. 256.

175 Vgl. zu diesem Absatz und für weitere Informationen über die angesprochenen KfW-Programme Asmussen, Jörg (Verbriefungen 2006), S. 1016; Bräunig, Günther; Larabi, Cherifa (Wiederbelebung 2009), S. 928-929 und Glüder, Dieter; Ranné, Omar (Förderbank 2004), S. 88-96.

176 Vgl. Rother, Sandra (Mittelstands-CDOs 2006), S. 1061.

177 Vgl. Heinrich, Markus; Grützemacher, Thomas (Kreditpooling 2005), S. 387. Die synthetische Form des Risikotransfers sowie die Funktion von Kreditderivaten werden in Abschnitt 2.3.2 dieser Studie behandelt.

178 *Verbriefungen zweiter Ordnung* werden zur Vervollständigung i. R. dieser Studie beispielhaft der Gruppe der CDO angeheftet. Allerdings finden sich Wiederverbriefungen in allen Verbriefungsklassen wieder.

179 Zu möglichen *Underlyings* der Kreditderivate siehe auch Struffert, Ralf (Asset Backed Securities-Transaktionen 2006), S. 15-16.

180 Bspw. verfügt der Asset-Pool einer RMBS unter Umständen über mehrere hundert bis mehrere tausend Kredite. Eine *CDO auf ABS* beinhaltet dann z. B. mehrere hundert RMBS.

181 Schuh, Dirk; Kebbel, Gerhard (Bewertungsansätze 2009), S. 56.

182 Bspw. kann vereinbart werden, dass ein Schwellenwert eine festgelegte Forderungsmenge, die ausfällt, darstellt.

183 Vgl. zu diesem Absatz Schuh, Dirk; Kebbel, Gerhard (Bewertungsansätze 2009), S. 56-57.

2.2.2.4. ABCP – Asset-Backed Commercial Papers

Eine weitere Klasse strukturierter Wertpapiere bilden *Asset-Backed Commercial Papers* (ABCP).[184] Obwohl dieses Finanzierungsprodukt in der Literatur hin und wieder der Kategorie ABS i. e. S. zugeordnet wird, ist es jedoch möglich jede ABS, durch Umstrukturierung in ein *Commercial Paper*[185], als ABCP zu klassifizieren.[186] Somit und auch bedingt durch bedeutsame Unterschiede zu obigen Verbriefungsformen, stellen ABCP eine Sonderform klassischer Verbriefungsstrukturen dar.[187] Nachfolgend werden diese Besonderheiten von ABCP detailliert erläutert.

Im Gegensatz zu den sog. *Term-Deals*[188], welche entweder synthetisch oder mit echtem Forderungsverkauf aufgesetzt werden können, sind ABCP-Programme immer True-Sale Transaktionen. Bei einem ABCP-Programm werden Forderungen von einem SPV angekauft und durch das Begeben von ABCP refinanziert. Erfolgt dieses Programm standardisiert, ermöglicht es einem oder mehreren Unternehmen, laufend Forderungen an eine SPV zu verkaufen. Dieses SPV, welches nicht nur für eine Anleihe gegründet ist, wird in diesem Zusammenhang als *Conduit*[189] bezeichnet. Es gibt die ABCP revolvierend aus.[190] Die Bedienung des Kapitalbetrags und der Zinsen dieser kurzfristigen, nicht börsennotierten Schuldverschreibungen erfolgt aus den Cash-Flows der zugrunde liegenden Vermögensgegenstände. Da keine Fristenkongruenz zwischen den angekauften Forderungen, die meist längere Laufzeiten aufweisen, und den emittierten ABCP existiert, sind *Liquiditätsfazilitäten*[191] notwendig. Sie resultieren aus der vertraglichen Verpflichtung, finanzielle Mittel zur Sicherstellung der termingerechten

---

184 Vgl. Dorendorf, Bettina; Wessendorf, Anne (Wertpapiere 2010), S. 883.

185 *Commercial Papers* sind kurzfristige Schuldverschreibungen. Sie werden von institutionellen Investoren erworben und weisen eine Laufzeit zwischen mind. 10 Tagen und max. 365 Tagen (meist 270 Tage) auf (vgl. Ricken, Stephan (Verbriefung 2008), S. 54, Franke, Ulrich (Gesundheitswesen 2008), S. 12 und Emse, Cordula (Kreditinstitute 2005), S. 15).

186 Vgl. Kothari, Vinod (Securitization 2006), S. 74-75 und Fabozzi, Frank; Kothari, Vinod (Introduction 2008), S. 169.

187 Vgl. Emse, Cordula (Kreditinstitute 2005), S. 36.

188 *Term-Deals* (auch *one-off securitisation*, *term transaction* oder *standalone transaction* genannt) sind Verbriefungstransaktionen, bei denen das verbriefende Unternehmen nicht auf bestehende Strukturen zurückgreift. Das SPV wird eigens dafür gegründet, mit einem vorab festgelegten Finanzierungsvolumen ausgestattet und nach Ausbezahlung der Wertpapiere abgewickelt (vgl. ausführlich Arlt, Roland (True Sale Securitisation 2009), S. 262-263).

189 Das *Conduit* (engl. Leitung, Röhre) wird von einem Sponsor, meist einer Bank, gegründet. Sie legt das ABCP-Programm auf und unterhält es (vgl. Ricken, Stephan (Verbriefung 2008), S. 53-54).

190 Vgl. Heldt, Cordula (Kreditportfolios 2009), S. 2.

191 „Eine *Verbriefungs-Liquiditätsfazilität* ist eine Verbriefungsposition, die aus der vertraglichen Verpflichtung resultiert, finanzielle Mittel zur Sicherstellung der termingerechten Weiterleitung von Zahlungen an Investoren bereitzustellen“ (§ 230 Abs. 1 SolvV). Weitere Details zu Liquiditätsfazilitäten – auch als Liquiditätslinien bezeichnet – sind Abschnitt 5.2.3.2.1 zu entnehmen.

Weiterleitung von Zahlungen an Investoren bereitzustellen.[192] ABCP beinhalten im Gegensatz zu den Term-Deals ein besonderes Liquiditätsrisiko[193]. Zum einen kann es durch die bestehende Fristeninkongruenz zu kurzfristigen Liquiditätsengpässen kommen, da eine Abstimmung der Laufzeiten von Forderungen und ABCP kaum möglich ist. Zum anderen können Liquiditätsengpässe daraus resultieren, dass aufgrund einer schlechteren Marktlage neu emittierte Wertpapiere keinen Absatz mehr finden.[194] Auch die Tranchierung ist bei einem ABCP-Programm unterschiedlich. Im Gegensatz zu einem Term-Deal besteht die Tranchierung nicht auf Ebene der ausgegebenen Wertpapiere, sondern über die Struktur der Transaktion. Meist erhält der Originator nicht den vollen Wert der Forderungen, sondern nur bspw. 95 %. Dadurch trägt er die Ausfälle bis 5 % des Forderungsvolumens als First-Loss-Tranche. Häufig werden weitere transaktionsspezifische Credit-Enhancements für eine Verstärkung der Sicherheiten in ein ABCP-Programm integriert. So übernimmt die „dritte Tranche“ der Sponsor. Er stellt 5 % bis 10 % des Programmvolumens als programmweiten *Letter-of-Credit*[195], der gedanklich 10 % bis 15 % der Ausfälle des Asset-Pools abdecken soll. Die restlichen Ausfallrisiken tragen dann die Investoren, wobei auch Möglichkeiten der Risikoübertragung zurück auf den Sponsor oder den Originator in Form zusätzlicher *Trigger-Events*[196] eingeräumt werden.[197]

2.3. Formen des Risikotransfers

2.3.1. Die True-Sale Transaktion

Anstelle der Kategorisierung von Verbriefungstransaktionen nach den zugrunde liegenden Assets lassen sich die Strukturen auch nach der Form des Risikotransfers einteilen. Im Rahmen der *traditionellen* Kreditverbriefung, welche bereits in Abschnitt 2.1 und detaillierter i. R. der ABS-Transaktionen in Abschnitt 2.2 dieses Werks erläutert wurde, steht der „echte Verkauf“ (*True-Sale*) von Buchkrediten im Vordergrund.[198] Die Forderung wird verkauft und

---

[192] Darüber hinaus sind Konstellationen möglich, wonach die Liquiditätsfazilität neben der originären Funktion auch Risiken des zugrunde liegenden Pools übernimmt (vgl. hierzu Aberer, Bartle (SolvV 2007), S. 189-190).

[193] Kapitel 0 dieses Werks befasst sich explizit mit den Problemen und Risiken der Kreditverbriefung.

[194] Vgl. zu der Risikoproblematik der ABCP Ricken, Stephan (Verbriefung 2008), S. 54-56.

[195] Siehe Ausführungen zu der Sicherungsform *Letter-of-Credit* in Abschnitt 2.2.1.5.

[196] Zur Funktion und möglichen Ausgestaltungen siehe Erläuterungen in Abschnitt 2.2.2.3 dieser Studie.

[197] Vgl. zu diesem Absatz insbesondere Aberer, Bartle (SolvV 2007), S. 187-190.

[198] Vgl. Ricken, Stephan (Verbriefung 2008), S. 21 und Kerschkamp, Jeanne (Verbriefungstransaktionen 2005), S. 64-65.

an den Emittenten, das SPV abgetreten, so dass ein Aktivum die Bilanz des Originators tatsächlich verlässt.[199] Sowohl die Bedienung der emittierten Wertpapiere als auch deren Besicherung übernehmen im Zuge einer Securitization die gekauften Forderungen.[200] Folglich ermöglichen True-Sale Transaktionen Kreditinstituten eine vom eigenen Rating unabhängige Refinanzierung.[201] Ob eine True-Sale Transaktion von Vorteil ist, muss im Einzelfall genau abgewägt werden. Der Originator sollte seine konkreten Bedürfnisse identifizieren. Der Liquiditätsgewinn, als regelmäßiges Hauptziel, kann in Anbetracht von Nebenzielen manchmal zweitrangig erscheinen. So wird bspw. das Eigenkapital durch Befreiung von Risikopositionen entlastet, aber im Vergleich zu anderen Finanzierungsarten keine Zinsersparnis erzielt.[202] Das Pendant zu den für synthetische Verbriefungen geschaffenen Programmen PROMISE und PROVIDE, die i. R. der Collateralized Debt Obligations bereits in Abschnitt 2.2.2.3 aufgegriffen wurden, stellt die *True Sale International GmbH* (TSI) für traditionelle Verbriefungen dar. Diese Anfang 2003 entstandene Plattform eröffnet für Verbriefungen mit deutschen Zweckgesellschaften die Möglichkeit, „werthaltige Kredite auf der Basis eines standardisierten und mit dem Marktbeteiligten abgestimmten Verfahrens nach deutschem Recht zu verbriefen“[203].

2.3.2. Die synthetische Transaktion

Bei einer *synthetischen* Verbriefungstransaktion werden nicht die Kreditforderungen an sich, sondern nur deren Kreditrisiken vom Originator transferiert. Somit verbleibt das Referenzportfolio im Eigentum und folglich in der Bilanz des Forderungsverkäufers.[204] Lediglich Zahlungsausfälle, die das jeweilige Aktivum betreffen, werden auf den Investor allokiert. Das zentrale Interesse des Originators (hier als *Protection Buyer* bezeichnet) liegt hierbei in der regulatorischen Eigenkapitalentlastung.[205] Als Hilfsmittel zur Risikoübertragung bedient man

---

199 Vgl. Dittrich, Kurt; Schuff, Sascha (Vertragsgestaltungen 2005), S. 286 und Steurer, Stefan (Rückenwind 2006), S. 36.

200 Vgl. Schiller, Bettina; Boer, Elke; Fahrmeyer, Christian (Kredithandel 2009), S. 576.

201 Vgl. Weber, Thorsten (Risikotransfer 2006), S. 9.

202 Vgl. zur Vorteilhaftigkeit einer True-Sale Transaktion Arlt, Roland (True Sale Securitisation 2009), S. 109.

203 Lindemann, Alexander; Schlikker, Guido; Omar, Sami (Verbriefungen 2009), S. 712. Mit Hilfe der TSI ist ein hoher Qualitätsstandard deutscher Verbriefungen hinsichtlich Transparenz, Investoreninformation und Rechtssicherheit gewährleistet, welcher durch einen eigenen Zertifizierungsprozess publik gemacht wird. Vgl. auch Bechthold, Hartmut; Glüder, Dieter (True-Sale-Verbriefungen 2006), S. 38 und Langer, Christof; Steinmüller, Werner (True-Sale-Initiative 2009), S. 952.

204 Vgl. Weber, Thorsten (Risikotransfer 2006), S. 9 und Deutsche Bundesbank (Instrumente 2004), S. 29.

205 Vgl. Dittrich, Kurt; Schuff, Sascha (Vertragsgestaltungen 2005), S. 312 und Deutsche Bundesbank (Instrumente 2004), S. 31.

sich sog. *Kreditderivate*[206], je nach Ausgestaltung der Verbriefung in unterschiedlicher Art und Weise. Der Wert dieser Finanzierungsinstrumente ist abhängig von der Entwicklung des Ausfall- oder Bonitätsänderungsrisikos einer Kreditposition.[207]

Eine Unterteilung der synthetischen Verbriefungen in drei Kategorien ist möglich. Die erste Gruppe stellen *finanzierungswirksame* (Fully Founded) Strukturen dar. Die mit den Referenzaktiva verbundenen Kreditrisiken werden dabei von der Zweckgesellschaft mittels sog. *Credit Default Swaps* (CDS)[208] übernommen und durch Begebung von Anleihen an die Investoren weitergeleitet. Diese Strukturen sind finanzwirksam, da Anleihen bspw. in Form von *Credit-Linked Notes* (CLN)[209] emittiert werden, die teilweise durch zusätzliche Sicherheiten geschützt sind. *Finanzierungsunwirksame* Strukturen werden in einer zweiten Gruppe zusammengefasst. Hier wird lediglich das Kreditrisiko von einem *Protection Buyer* an einen *Protection Seller* i. R. eines CDS übertragen. Auf die Zwischenschaltung einer SPV wird bei dieser Form synthetischer Verbriefungen gänzlich verzichtet, da alle Schritte über Kreditderivate abgebildet werden.[210] Die letzte Gruppe beinhaltet Verbriefungen, die *teilweise finanzierungswirksam* (Partially Founded) sind. Diese Transaktion vereint beide Elemente (CDS sowie CLN) in einer hybriden Struktur und ist somit eine Mischform aus den beiden erstgenannten Kategorien.[211] Das SPV übernimmt in diesem Zusammenhang nur ein Teil der Kreditrisiken und verbrieft diese. Der verbleibende Teil wird über einen CDS an einen oder mehrere Investoren übertragen. Diese feinere Untergliederung bewirkt, dass die Finanzierungskosten

---

206 Auf eine detaillierte Erläuterung der Funktionsweise von Kreditderivaten und deren Modifikationen soll i. R. dieses Werks verzichtet werden. Explizite Ausführungen zu Kreditderivaten finden sich bspw. bei Sievers, Maren (Kreditderivate 2009); Müller, Frank (Kreditderivate 2000); Rudolph, Bernd u. a. (Kreditrisikotransfer 2007) und Kern, Marco (Kreditderivate 2003).

207 Vgl. zu diesem Absatz Ricken, Stephan (Verbriefung 2008), S. 26-27.

208 Ein *CDS* ist die am häufigsten verwendete Variante der Kreditderivate. Mit dem abschluss eines CDS verpflichtet sich der Sicherungsgeber, bei Eintritt eines vorab definierten Kreditereignisses (*credit event*) eine Ausgleichszahlung an den Sicherungsnehmer zu leisten. Dieser erhält im Gegenzug eine periodisch zu zahlende Prämie. Die Definition der Kreditereignisse erfolgt üblicherweise standardisiert und kann sich auf einen einzelnen Kredit oder Kreditportfolio beziehen (vgl. ausführlich Ricken, Stephan (Verbriefung 2008), S. 27 und Deutsche Bundesbank (Instrumente 2004), S. 30). Synthetische Transaktionen verlaufen nicht ausschließlich darüber, so dass Credit Default Swaps hier nur stellvertretend aufgezeigt werden.

209 *CLN* sind vom Sicherungsnehmer emittierte Schulverschreibungen, welche die Eigenschaften eines CDS mit denen eines festverzinslichen Wertpapiers kombinieren. Die volle Zurückzahlung des Nominalbetrages erfolgt am Laufzeitende nur dann, wenn das vorab definierte Kreditereignis ausgeblieben ist. Bei CLN entfällt das Kontrahentenrisiko, also das Risiko von Zahlungsausfällen durch den Vertragspartner, im Gegensatz zu CDS, da durch die Begebung am Kapitalmarkt dieses mit dem Emissionserlös bereits gedeckt ist (vgl. ausführlich Ricken, Stephan (Verbriefung 2008), S. 27 und Deutsche Bundesbank (Instrumente 2004), S. 30-31).

210 Vgl. auch Heinrich, Markus; Grützemacher, Thomas (Kreditpooling 2005), S. 387.

211 Kombinationen aus CLN und CDS werden mittlerweile häufig verwendet (vgl. auch Emse, Cordula (Kreditinstitute 2005), S. 42).

hierbei unter denen einer vollfinanzierten Struktur liegen und sich deshalb diese Mischform in der Praxis durchgesetzt hat.[212] Neben dem Kostenaspekt gibt es noch weitere Vorteile, die synthetische Strukturen allgemein gegenüber den True-Sale Transaktionen ausweisen. Einerseits wird durch die Zuhilfenahme standardisierter CDS die Abwicklung dieser Securitization beschleunigt. Andererseits entfällt das Risiko der Forderungsabtretung.[213]

---

212 Vgl. auch Weber, Thorsten (Risikotransfer 2006), S. 40-41.

213 Vgl. zu diesem Absatz insbesondere Kerschkamp, Jeanne (Verbriefungstransaktionen 2005), S. 65-67.

3. Risiken und Probleme der Verbriefung[214]

3.1. Risiken der Verbriefung

Der Verkauf von Forderungen bewirkt ein Übergehen der Risiken der Transaktion auf die beteiligten Parteien. Die Risikoallokation variiert je nach Transaktionsgestaltung. Allerdings werden dabei nicht nur bestehende Risiken neu verteilt, sondern auch neue Risiken, bspw. durch Einschaltung externer Kreditversicherer, verursacht.[215] Wie bereits in Abschnitt 2.2.1.2 dieser Studie verdeutlicht, versucht man jedem einzelnen dieser Risiken mit Credit-Enhancement-Mechanismen zu begegnen.[216] Dies ermöglicht auch den Erhalt guter Ratingeinstufungen für das Verbriefungspapier durch die Agenturen. Zuvor gilt es aber die vorab bestehenden Risiken zu identifizieren, sie angemessen zu bewerten und deren Risikoumfang für den jeweiligen Asset Pool zu quantifizieren.[217] Dieser Vorgang ist nicht nur aus unternehmenspolitischer Sicht von Interesse, sondern auch aus aufsichtsrechtlicher Perspektive von außerordentlicher Bedeutung.[218] Eine Einteilung der Risiken kann nach ihrem Ursprung erfolgen, wie die nachstehende Übersicht (Abbildung 4) beispielhaft vornimmt.[219]

---

214 Vgl. zu diesem Kapitel insbesondere Bär, Hans Peter (Securitisation 2000), S. 193-280 und Hartmann-Wendels, Thomas; Pfingsten, Andreas; Weber, Martin (Bankbetriebslehre 2007), S. 309-312.

215 Vgl. auch Weber, Thorsten (Risikotransfer 2006), S. 22.

216 Detaillierte Ausführungen zu Credit-Enhancements finden sich in Abschnitt 2.2.1.5 dieser Studie.

217 Art und Ausmaß der Risiken hängen dabei sehr stark von der jeweiligen Asset-Kategorie ab. Betrachtet man bspw. Immobilienkredite, so bestimmen Beleihungswerte, die Art der grundpfandrechtlich gesicherten Objekte, Darlehenshöhe, die Art der Amortisation und eine Vielzahl weiterer Faktoren die Risiken eines Zahlungsausfalles in entscheidendem Masse. Dem hingegen sind Art und Alter der Fahrzeuge oder die Kreditkonzentration im Pool für Automobilkredite risikobestimmend (vgl. hierzu insbesondere Bär, Hans Peter (Securitisation 2000), S. 194, Fn. 6).

218 Die bankenaufsichtsrechtliche Behandlung von Verbriefungsrisiken wird explizit in Kapitel 5 aufgezeigt.

219 Neben den in der Abbildung 4 aufgezeigten Risiken existieren noch weitere Risikoarten, die jedoch bewusst vernachlässigt werden, da sie mehr oder weniger bei allen internationalen Finanztransaktionen latent vorhanden sind (bspw. die Gefahr der Einführung einer Quellensteuer auf die Erträge der Investoren oder die Gefahr einer Ratingveränderung des Staates).

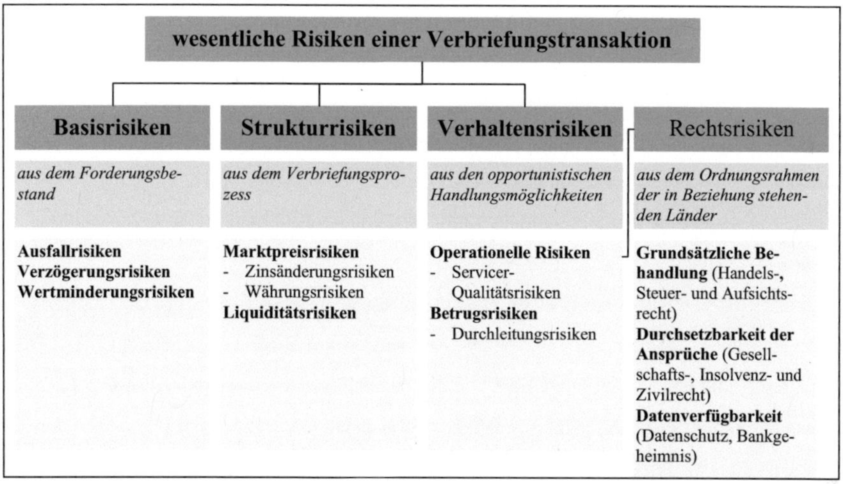

Abb. 4: Wesentliche Risiken einer Verbriefungstransaktion[220]

Die Basisrisiken:

Sie resultieren aus den Forderungen, welche den Wertpapieren der Verbriefung zugrunde liegen. Dementsprechend gelten hier die (Kredit-)Risiken, wie sie bei einer traditionellen Finanzierung auftreten können.[221] Betrachtet man alle die Gruppe der Erfolgsrisiken liegt das Hauptaugenmerk im Zusammenhang mit Verbriefungsstrukturen auf den *Adressenrisiken* – auch *Adressenausfallrisiken* genannt.[222] Das elementare und gleichzeitig charakteristische Adressenrisiko, welches ein Verbriefungspapier von anderen Wertpapieren unterscheidet, ist das *Ausfallrisiko* (*Default-/Credit Risk*). Es stellt die Gefahr dar, dass Zins- und Tilgungszahlungen der ursprünglichen Kreditnehmer teilweise oder auch vollständig ausfallen können.[223] Im Gegensatz zu sonstigen Inhaberschuldverschreibungen ist das Ausfallrisiko somit nicht an die Zahlungsfähigkeit und -willigkeit der Wertpapieremittenten gekoppelt, sondern vielmehr

---

220 Eigene Darstellung in Anlehnung an Hartmann-Wendels, Thomas; Pfingsten, Andreas; Weber, Martin (Bankbetriebslehre 2007), S. 309; Bär, Hans Peter (Securitisation 2000), S. 196 und Ricken, Stephan (Verbriefung 2008), S. 31.

221 Auf eine Einordnung der Kreditrisiken in die Systematik der bankbetrieblichen Erfolgs- und Liquiditätsrisiken wird i. R. dieses Werks absichtlich verzichtet. Detaillierte Ausführungen zu diesem Thema finden sich etwa in Bieg, Hartmut; Krämer, Gregor; Waschbusch, Gerd (Bankenaufsicht 2009) und Krämer, Gregor (Ziele 2000).

222 Unter dem *Adressenrisiko* oder *Adressenausfallrisiko* versteht man die Gefahr, dass ein KI eine Gewinnminderung bzw. eine Verluststeigerung aufgrund einer verschlechterten Bonität des Geschäftspartners erfährt.

223 Vgl. auch Bellmann, Sabine (Risikomanagement 2002), S. 52 und Wiedemann, Arnd (Risikotriade 2004), S. 139.

mit der Gefahr möglicher Ausfälle im Referenzportfolio verbunden.[224] *Verzögerungsrisiken* (Delinquency Risks) bezeichnen die Gefahr zu spät eingehender Zahlungen der ursprünglichen Forderungsschuldner, so dass die zur vertragsgerechten Erfüllung der Investorenansprüche notwendigen Cash-Flow-Ströme nicht generiert werden können.[225] Dadurch können Liquiditätsprobleme im Asset-Pool entstehen.

Die Strukturrisiken:

Die strukturellen Risiken sind in der Transaktionsstruktur einer Securitization begründet und lassen sich nach *Marktpreis-, Liquiditäts- und operationellen Risiken* differenzieren. Die zu der Untergruppe der Marktpreisrisiken[226] gehörenden *Zinsänderungsrisiken* (*Basis Risks*) und *Währungsrisiken* (*Currency Risks*) beinhalten zum einen das Risiko, dass die Höhe der Zinszahlungen aus den Forderungen im Zeitverlauf der Transaktion unter jene der Wertpapierzinsen fällt.[227] Zum anderen kann die Gefahr eines Verlustes aufgrund einer Veränderung der Wertrealisation zwischen verschiedenen Währungen entstehen, falls Forderungsaktiva und Wertpapiere der Verbriefung in unterschiedlichen Währungen denominiert sind und Wechselkursschwankungen vorliegen. *Liquiditätsrisiken* (*Liquidity Risks*) stellen vor allem ABCP-immanente Risiken dar, welche durch eine vorherrschende Fristeninkongruenz verursacht werden. Denn kurzfristig, revolvierend emittierte Commercial Papers dienen zur Refinanzierung der Zweckgesellschaft für den Kauf längerfristiger Forderungsbestände. Evtl. Neuemissionen können dann bei einer möglicherweise entstehenden Illiquidität des Sekundärmarktes nicht platziert werden.[228] Strukturrisiken einer Finanzierung mittels Securitization sind aber vor allem in Ausfallrisiken zu sehen, d. h. dass beteiligte Parteien insolvent werden und daher ihre Funktion nicht mehr erfüllen können.[229] Wird dementsprechend das SPV insolvent, werden die Investoren gefährdet, weil die Forderungen in die Insolvenzmasse fallen. Geht aber der Originator in Insolvenz, besteht für die Investoren kein Ausfallrisiko, vorausgesetzt ein echter Forderungsverkauf an die Zweckgesellschaft hat stattgefunden.

---

224 Vgl. auch Ricken, Stephan (Verbriefung 2008), S. 31 und Emse, Cordula (Kreditinstitute 2005), S. 45.

225 Vgl. auch Weber, Thorsten (Risikotransfer 2006), S. 22.

226 „*Marktpreisrisiken* entstehen aus der Unsicherheit über künftige Marktpreise bezogen auf Zinssätze, Aktienkurse, Wechselkurse und Rohstoffpreise" (Kunze, Britta (Überwachung 2007), S. 22).

227 Diese Zinsänderungsrisiken entstehen bspw. dadurch, dass bei einer traditionellen Struktur die ABS eine variable, die Forderungen jedoch eine fixe Verzinsung aufweisen. Auch unterschiedliche Zahlungszeitpunkte ausgehend von den Schuldnern, empfangen von den Investoren, gelten als Verursacher (vgl. hierzu auch Emse, Cordula (Kreditinstitute 2005), S. 47).

228 Vgl. auch Ricken, Stephan (Verbriefung 2008), S. 36.

229 In diesem Zusammenhang werden diese Art von Ausfallrisiken auch als *Insolvenzrisiken* (*Insolvency-/ Bankruptcy Risk*) bezeichnet (vgl. insbesondere Bär, Hans Peter (Securitisation 2000), S. 199).

Die Verhaltensrisiken

Neben den Kredit- und Markt(preis)risiken sind auch *operationelle Risiken*[230], welche unter die Kategorie der Verhaltensrisiken subsumiert werden, von substanzieller Art und bedürfen der Kontrolle.[231] Im Rahmen einer Verbriefungstransaktion zählen alle diejenigen Risiken zu dieser Gruppe, die sich aus der Vielzahl vertraglicher Beziehungen in Kombination mit *Informationsasymmetrien* zwischen den Beteiligten ergeben.[232] Gerade diese Informationsasymmetrien, welche u. a. durch die Verbriefungskaskaden und die völlige Loslösung der Wertpapiere von den zugrunde liegenden Einzelkrediten erzeugt werden, ermöglichen opportunistisches Verhalten einzelner Akteure.[233] So besteht die Gefahr, dass der Service-Agent aus Kostengründen unbemerkt die Sorgfalt seiner Arbeit verringert und auf die Qualität der Kreditnehmer nicht achtet (*Servicer-Qualitätsrisiko*).[234] Ist ein Originator gleichzeitig Service-Agent, besteht die Problematik, dass er vor allem schlechte Forderungen oder sogar Scheinforderungen verkaufen (*Betrugsrisiko,* speziell *Fraud Risk*) und eingehende Zahlungen nicht weiterleiten wird (*Durchleitungsrisiko*). Weiterhin gilt ein Augenmerk schon bei der Planung einer Verbriefung dem Rechtsrahmen der mit der Securitization in Beziehung stehenden Länder. So können *rechtliche Risiken* bspw. aus dem handelsrechtlichen, steuerlichen und gesellschaftsrechtlichen Umfeld entstehen.[235]

3.2. Probleme der Verbriefung

Neben den aufgezeigten Risiken besteht die Problematik des partiellen Übergangs vom *buy and hold*-Geschäftsmodell (Halten der Kredite bis zum Laufzeitende) zur sog. *originate to distribute*-Vorgehensweise unter Zuhilfenahme von Verbriefungsstrukturen.[236] Unter dieser negativen Ent-

---

230 Das *operationelle Risiko* „ist die Gefahr von Verlusten, die infolge einer Unzulänglichkeit oder des Versagens von internen Verfahren, Menschen und Systemen oder infolge externer Ereignisse eintreten. Diese Definition schließt Rechtsrisiken ein“ (Baseler Ausschuss für Bankenaufsicht (Eigenkapitalanforderungen 2006), S. 163, Abs. 644).

231 Vgl. auch Kaiser, Thomas; Kasprowicz, Thilo (Reduzierung 2007), S. 331. Gerade die Wechselwirkungen zwischen operationellen Risiken und Kreditrisiken in Banken sind immens groß (vgl. auch Studien der Bankenaufsicht in Reif, Franz; Schäl, Ingo; Weingessel, Andreas (Kreditrisiken 2006), S. 278-279).

232 Vgl. auch Ricken, Stephan (Verbriefung 2008), S. 36. Informationsasymmetrien werden im Kontext von Verbriefungen mit den Begrifflichkeiten *Adverse Selection* und *Moral Hazard* in Verbindung gebracht, die es gilt als Bankenaufsicht auszuschließen. Im Zusammenhang mit Offenlegungsvorschriften wird diese Problematik in Abschnitt 5.4 diskutiert (vgl. auch Kern, Marco (Kreditderivate 2003), S. 33).

233 Vgl. auch Schäfer, Dorothea (Kreditverbriefungen 2008), S. 686.

234 Es besteht ein Anreiz zur unverantwortlichen Kreditvergabe (vgl. auch Knops, Kai-Oliver (Kreditnehmerschutz 2008), S. 2193).

235 Vgl. auch Bartelt, Niklas (Asset-Backed Securities 1999), S. 144 und Ricken, Stephan (Verbriefung 2008), S. 36-37. Detaillierte Ausführungen zu den aufgezeigten rechtlichen Risiken bleiben in dieser Studie unbeachtet.

236 Vgl. auch Bechthold, Hartmut; Papenfuß, Holger (Verbriefungsmarkt 2008), S. 897.

wicklung versteht man eine bereits vor Kreditvergabe feststehende Weitergabe der Forderungsbestände an ein SPV. Dieses aktive Portfoliomanagement impliziert eine Anreizproblematik, da bereits bei Kreditvergabe feststeht, dass der Originator nicht das Risiko daraus zu tragen hat. So konnte sich der deutsche Verbriefungsmarkt bspw. durch Konstruktion sog. *Mezzanine-CLO* nicht völlig von negativen Entwicklungen abgrenzen.[237] Dabei wurden nachrangige Darlehen mit hohen Einzelrisiken, Konzentrationen in konjunkturzyklischen Branchen und folglich niedrigen Verwertungserlösen an den deutschen Mittelstand verbrieft.[238]

Diese Ausreichung, Bündelung und Verbriefung von Krediten erschafft auch inadäquate Anreize zum Betreiben *regulatorischer Kapitalarbitrage*[239]. So können Banken Aktiva von hoher Qualität aus ihrem *Anlagebuch*[240] entfernen, bei denen die regulatorischen Kapitalanforderungen die ökonomischen Kapitalanforderungen übersteigen.[241] Folglich verbleiben Aktiva von geringer Qualität in der Bilanz und können die Qualität des Kreditportfolios u. U. so weit senken, dass die Kapitalanforderung von 8 %[242] als nicht risikoadäquat anzusehen ist. Durch diese Problematik wird die Kreditverfügbarkeit für die Volkswirtschaft zwar erhöht, jedoch sind in Anbetracht der Finanzkrise erhebliche Defizite im Verbriefungsprozess offengelegt worden.[243] So gilt die mangelnde Transparenz des Finanzmarkts als eine zentrale Ursache für die Finanzmarktkrise.[244]

---

237 Vor allem dieser Verbriefungsansatz angewandt bei Immobilienfinanzierungen (Subprime-Problematik) war temporär als auslösende Ursache der Finanzmarktkrise hochstilisiert worden, die ihren Ausgang im Kollaps des US-Marktes genommen hatte (vgl. Altenburg, Michael (Wiederbelebung 2009), S. 960 und Langer, Christof; Steinmüller, Werner (True-Sale-Initiative 2009), S. 952).

238 Vgl. zu diesem Absatz Anner, Alfred; Cerveny, Frank (Trends 2008), S. 905.

239 „Unter dem Prozess der regulatorischen Kapitalarbitrage kann die Durchführung aller Maßnahmen verstanden werden, die zu einer substanziellen Reduzierung der aufsichtsrechtlichen Kapitalanforderungen führen, ohne dass es zu einer Minderung des ökonomischen Kreditrisikos im gleichen Umfang kommt." (Söhlke, Thomas (Erfassung 2002), S. 72).

240 Nach § 1a Abs. 2 KWG bilden alle Geschäfte eines Instituts, die nicht dem Handelsbuch zuzurechnen sind, das *Anlagebuch*. Eine Aufzählung von Positionen, die dem *Handelsbuch* zugeordnet werden, nimmt das Kreditwesengesetz in § 1a Abs. 1 KWG vor.

241 Diese Form der regulatorischen Arbitrage wurde insbesondere von großen US-Banken betrieben. Detaillierte Informationen zur regulatorischen Eigenkapitalunterlegung von Banken sind aus Abschnitt 5.2.3 zu entnehmen.

242 Die 8 % ergeben sich aus § 2 Abs. 2 SolvV und bilden die unterste Grenze des sog. Solvabilitätskoeffizienten. Die Berechnung der Höhe des Solvabilitätskoeffizienten beinhaltet Anlage 3 im Anhang dieser Studie. Auf detaillierte Ausführungen zu den einzelnen Elementen des Solvabilitätskoeffizienten wird i. R. dieses Werks bewusst verzichtet.

243 Vgl. zu diesem Absatz Söhlke, Thomas (Erfassung 2002), S. 72-73 und Syring, Johanna; Thelen-Pischke, Hiltrud (Aufarbeitung 2008), S. 906.

244 Vgl. Deipenbrock, Gudula (Licht 2009), S. 1165.

4. Die neue Baseler Eigenkapitalvereinbarung (Basel II)

4.1. Die Entstehung und Umsetzung von Basel II[245]

Im Juli 1988 veröffentlichte der Baseler Ausschuss für Bankenaufsicht erstmals eine Rahmenvereinbarung über Eigenkapitalforderungen für Kreditinstitute, die sog. „Internationale Konvergenz der Eigenkapitalmessung und Eigenkapitalanforderungen", die auch als „Basler Akkord" oder kurz „Basel I" bezeichnet wird. Das Ziel dieser Eigenkapitalübereinkunft war, die Verlustausgleichsfunktion[246] des Eigenkapitals der Banken zu sichern.[247] So muss nach dem Ende 1992 in Kraft getretenen Basel I das regulatorische Eigenkapital eines international tätigen Kreditinstituts mindestens 8 % der gewichteten Risikoaktiva entsprechen.[248] Diese Rahmenvereinbarung zur geforderten Abdeckung der von den Banken eingegangenen Adressenrisiken wurde 1996 dahin gehend ergänzt, dass auch Marktpreisrisiken in die Kapitalunterlegung einzubeziehen sind. Die Ermittlung der Ausfallwahrscheinlichkeit der Kontraktpartner beschränkt sich dabei auf eine einfache, aufsichtsrechtlich vorgegebene Klassifizierung von Forderungen mit lediglich fünf verschiedenen Risikogewichten.[249] Hauptkritikpunkt stellt dabei die Vernachlässigung der Bonität der einzelnen Schuldner bei der Eigenmittelunterlegung dar, so dass unabhängig von den Schuldnern – also auch von der jeweiligen Ausfallwahrscheinlichkeit derer Kredite – diese stets mit dem gleichen Prozentsatz zu unterlegen waren.[250] Anreize für eine risikoadäquate Bepreisung der Kredite noch für eine risikobewusste Selektion der Kreditnehmer seitens der Banken waren nicht gegeben.

---

245 Vgl. zu diesem Abschnitt insbesondere Deutsche Bundesbank (Eigenkapitalregelungen 2006), S. 69-72 und Krämer, Gregor (Konzeption 2004), S. 298-301.

246 Unter der Verlustausgleichsfunktion des Eigenkapitals versteht man die Übernahme von Risiken durch das Eigenkapital im Falle der Fortführung einer Unternehmung. Vgl. hierzu und zu anderen Eigenkapitalfunktionen Bieg, Hartmut; Kußmaul, Heinz (Finanzierung 2009), S. 37-42.

247 Vgl. Sievers, Maren (Kreditderivate 2009), S. 156-157. „Im Kern basieren die genannten Regelungen auf der betriebswirtschaftlichen Überlegung, dass zur Vermeidung einer Insolvenz Verluste eines Instituts letztlich von seinem Eigenkapital aufgefangen werden müssen und eine adäquate Eigenkapitalausstattung nicht nur die Institute selbst, sondern auch das Finanzsystem als Ganzes stabilisiert" (Deutsche Bundesbank (Grundsatz I 2001), S. 6).

248 Dabei orientiert sich der in § 2 Abs. 1 Grundsatz I geforderte Mindesteigenkapitalunterlegungsfaktor in Höhe von 8 % an internationalen Erfahrungswerten, abgeleitet aus Proberechnungen innerhalb der Europäischen Union. Für nähere Erläuterungen siehe Waschbusch, Gerd (Bankenaufsicht 2000), S. 228-233.

249 Kredite an OECD (Organisation für wirtschaftliche Zusammenarbeit und Entwicklung)-Mitglieder sind mit 0 %, Kredite an Kreditinstitute mit Sitz in einem der OECD-Staaten mit 20 % und Kredite an alle anderen Schuldner (also insbesondere Nicht-Banken und Privatpersonen) mit 100 % zu gewichten. Zu diesen drei wichtigsten Risikogewichte werden noch Assets mit 10 % und 50 % hinzugezählt (vgl. diesbezüglich auch Bieg, Hartmut; Krämer, Gregor (Supervision 2006), S. 75-76).

250 Vgl. auch Paul, Stephan; Stein, Stefan (Rating 2002), S. 29-30.

Nach drei veröffentlichten Konsultationspapieren[251], welche neben einer Vielzahl kleinerer Änderungen auch Modifikationen hinsichtlich Ratings, Laufzeitzuschläge oder einer verminderten Eigenkapitalbelastung für Kredite an kleinere und mittlere Unternehmen vorschlugen, wurde 2004 die die neue Baseler Eigenkapitalvereinbarung[252] (Basel II) verabschiedet. Ihr Kernstück ist „die stärker an der individuellen Bonität der Kreditnehmer ausgerichtete bankenaufsichtsrechtliche Risikogewichtung"[253].

Eine Umsetzung von Basel II in europäisches Recht erfolgte 2006 in der Bankenrichtlinie[254] und der Kapitaladäquanzrichtlinie[255]. Die rechtliche Basis für die nationale Umsetzung des Baseler Regelwerks bildet die *Capital Requirements Directive* (CRD) der Europäischen Kommission.[256] In Deutschland vollzog sich die Ratifizierung der europäischen Normen in Änderungen des Kreditwesengesetzes (KWG) sowie der Novellierung des bisherigen Grundsatzes I durch eine Solvabilitätsverordnung (SolvV) und des bisherigen Grundsatzes II durch eine Liquiditätsverordnung (LiqV), der Neufassung der Großkredit- und Millionenkreditverordnung (GroMiKV) beziehungsweise den Mindestanforderungen an das Risikomanagement (MaRisk).[257] Rechtlich bindend ist diese Neuregelung in den Mitgliedsstaaten der Europäischen Union seit 01.01.2007, wobei den Instituten Übergangsregelungen gewährt wurden.[258] Die nachfolgende Abbildung 5 veranschaulicht nochmals die einzelnen Schritte der Umsetzung von Basel II in das KWG und in Verordnungen.

---

251 Erstes Konsultationspapier zu Basel II im Juni 1999; zweites Konsultationspapier im Januar 2001 und drittes Konsultationspapier im April 2003.

252 Internationale Konvergenz der Eigenkapitalmessung und Eigenkapitalanforderungen – letztmals im Juni 2006 überarbeitet (siehe Baseler Ausschuss für Bankenaufsicht (Eigenkapitalanforderungen 2006)).

253 Bieg, Hartmut; Sopp, Guido (IFRS 2009), S. 487.

254 Richtlinie 2006/48/EG des Europäischen Parlaments und des Rates vom 14. Juni 2006 über die Aufnahme und Ausübung der Tätigkeit der Kreditinstitute (Neufassung) (EU Amtsblatt L 177, S. 1, vom 30. Juni 2006).

255 Richtlinie 2006/49/EG des Europäischen Parlaments und des Rates vom 14. Juni 2006 über die angemessene Eigenkapitalausstattung von Wertpapierfirmen und Kreditinstituten (Neufassung) (EU Amtsblatt L 177, S. 201, vom 30. Juni 2006).

256 Die *CRD* ist eine bezüglich der Behandlung von Verbriefungen inhaltlich weitgehend identische Regulierung mit den Basel II-Regelungen und wurde parallel zu dieser erarbeitet (vgl. auch Hofmann, Gerhard; Morck, Thomas; Reichardt-Petry, Karin (Verbriefungen 2007), S. 237.

257 Vgl. auch Paul, Stephan (Basel II 2007), S. 9; Sievers, Maren (Kreditderivate 2009), S. 155 und Lützow, Sebastian; Abel, Volker (Abbildung 2007), S. 282. Einflüsse dieser Verordnungen auf die Verbriefung werden in den nachfolgenden Kapiteln 0 und 6 ausführlich diskutiert.

258 Vgl. Kundisch, Dennis u. a. (Gesamtbanksteuerung 2008), S. 458. Seit Anfang 2008 gelten die Regelungen von Basel II für alle Kreditinstitute in der EU als verpflichtend (vgl. Banh, Minh; Cluse, Michael (Finanzmarktkrise 2009), S.629).

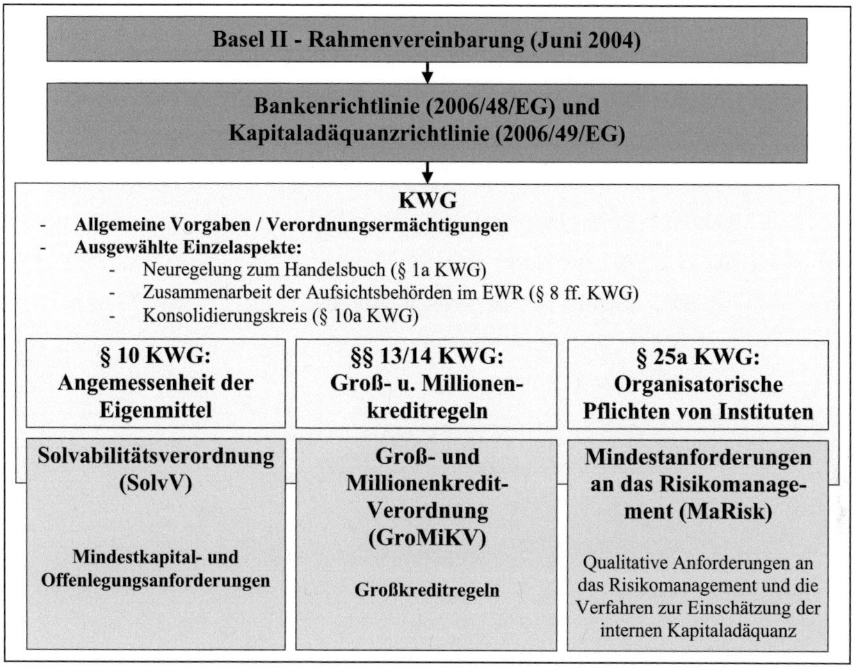

Abb. 5: Umsetzung von Basel II in das KWG und in Verordnungen[259]

4.2. Das Grundkonzept von Basel II

Der bisherige Grundsatz I, der der Umsetzung der Baseler Eigenkapitalvereinbarung aus dem Jahr 1988 (Basel I) diente, ist durch die Solvabilitätsverordnung (SolvV) ersetzt worden.[260] Diese Verordnung konkretisiert die in § 10 Abs. 1 KWG geforderte Angemessenheit der *Eigenmittel* für Institute, Institutsgruppen und Finanzholdinggruppen.[261] Die Überprüfung der Angemessenheit der Eigenmittel erfolgt unter Zuhilfenahme von Verfahren und Methoden,

[259] Entnommen aus Sievers, Maren (Kreditderivate 2009), S. 156.

[260] Vgl. Deutsche Bundesbank (Eigenkapitalregelungen 2006), S. 77.

[261] Nach § 10 Abs. 2 KWG bestehen die Eigenmittel aus dem *haftenden Eigenkapital* und den *Drittrangmitteln*. Ein für Kredit- und Finanzdienstleistungsinstitute allgemein geltender Rechtsbegriff der Eigenmittel existiert nicht. Vielmehr macht der Gesetzgeber sich aus Gründen der Rechtssicherheit in § 10 Abs. 1d und Abs. 2 bis Abs. 8 KWG – der Legaldefinition der Eigenmittelausstattung von Kredit- und Finanzdienstleistungsinstituten – das sog. *Enumerationsprinzip* zu Nutze; d. h. es werden unter Beachtung rechtsformspezifischer Besonderheiten sämtliche bankenaufsichtsrechtlich anerkannte Komponenten der Eigenmittel sowie die im Einzelnen als zulässig erachteten Eigenmittelbeträge aufgezählt (vgl. Bieg, Hartmut; Krämer, Gregor; Waschbusch, Gerd (Bankenaufsicht 2009), S. 75).

die in der SolvV aufgeführt sind.[262] Allerdings kann eine risikoadäquate Eigenkapitalausstattung die Solvenz einer Bank und die Stabilität des Bankensystems in einer zunehmend komplexen und vernetzten Welt nicht mehr gewährleisten.[263] So ist auch „das von der Geschäftsleitung bestimmte Risiko- und Ertragsprofil eines Instituts in Verbindung mit dessen Fähigkeit, die eingegangenen Risiken auch steuern und dauerhaft tragen zu können"[264], von entscheidender Bedeutung für das Fortbestehen des Instituts.[265] Um die zentralen Ziele, die Solidität und Sicherheit des Finanzwesens zu gewährleisten und Risiken umfassender und adäquater zu behandeln, verwirklichen zu können, wurde das sog. 3-Säulen-Konzept entwickelt.[266]

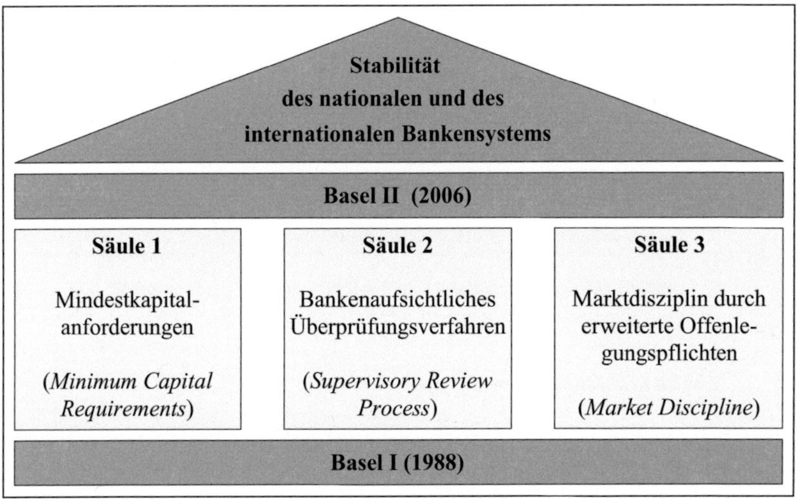

Abb. 6: Grundkonzept von Basel II[267]

---

262 Vgl. Dürselen, Karl (Solvabilitätsverordnung 2010), S. 386. Aufsichtsrechtliche Verfahren zur Behandlung von Verbriefungen sind im nachfolgenden Kapitel 0 explizit aufgeführt.

263 Vgl. Heinke, Eberhard (3-Säulen-Konzept 2002), S. 3.

264 Bieg, Hartmut; Krämer, Gregor; Waschbusch, Gerd (Bankenaufsicht 2003), S. 299 und Bellavite-Hövermann, Yvette u. a. (Eigenmittel 2001), S. 267.

265 Vgl. Bieg, Hartmut; Krämer, Gregor; Waschbusch, Gerd (Bankenaufsicht 2003), S. 299.

266 Vgl. Sievers, Maren (Kreditderivate 2009), S. 157; Beck, Andreas; Lesko, Michael; Stückler, Ralf (Auswirkungen 2002), S. 153 und Banh, Minh; Cluse, Michael (Finanzmarktkrise 2009), S. 629. Mit der ersten Säule wird das Ziel verfolgt die Eigenkapitalanforderungen der Banken für Kreditrisiken und operationellen Risiken weiter zu präzisieren (vgl. Träm, Michael (Bankenaufsicht 2006), S. 105).

267 Modifiziert entnommen aus Bieg, Hartmut; Krämer, Gregor; Waschbusch, Gerd (Bankenaufsicht 2003), S. 300.

Abbildung 6 bildet dieses Konzept ab. Die vorhandenen Mindestkapitalstandards (*Minimum Capital Requirements*) wurden im Zuge der neuen Baseler Eigenkapitalvereinbarung nicht nur deutlich verändert (Säule 1), sondern auch um zwei weitere Säulen ergänzt: Den bankenaufsichtlichen Überprüfungsprozess der Adäquanz der Kapitalausstattung und des Risikomanagements (Supervisory Review Process) als zweite Säule sowie Leitlinien für Offenlegungspraktiken zum Zwecke einer Stärkung der Marktdisziplin (*Market Discipline*) durch ein höheres Maß an Transparenz als dritte Säule.[268]

Die erste Säule umfasst angesichts der Tatsache, dass die Rahmenvereinbarung von Basel II an der *wirtschaftlichen Substanz* der Transaktionen und weniger an ihrer rechtlichen Form ansetzt, zahlreiche quantitative Aspekte, die durch eine qualitative Analyse gestützt werden. So beinhaltet die SolvV neben allgemeinen Vorschriften eine umfassende Behandlung von Adressrisiken (§§ 8 - 268 SolvV), operationelle Risiken (§§ 269 - 293 SolvV) sowie Marktrisiken (§§ 294 - 318 SolvV). Die bankenaufsichtlichen Überprüfungsverfahren (Säule 2) sind rein qualitativ und geben den Aufsichtsbehörden einen wesentlichen Ermessensspielraum bei der Bewertung der Anwendung des Ansatzes von Basel II. Säule 3 verlangt die Offenlegung quantitativer und qualitativer Aspekte der von der Bank verwendeten Methoden für das Management ihrer Eigenkapitalanforderungen. Bezug nehmend auf das Finanzinstrument der Verbriefung werden im folgenden Kapitel 0 alle drei Säulen explizit durchleuchtet.[269]

---

268 Vgl. Bieg, Hartmut; Krämer, Gregor (Supervision 2006), S. 79 und PricewaterhouseCoopers (Verbriefung 2009), S. 1. Alle drei Säulen sind nicht isoliert voneinander zu betrachten, sondern stehen in engem Kontakt. Bspw. dürfen Verfahren zur Eigenkapitalunterlegung nach Säule 1 erst dann angewendet werden, wenn sie zuvor von der Aufsicht in dem durch Säule 2 bestimmten Prozess geprüft und für Marktteilnehmer nach der Publizitätspflicht der dritten Säule transparent gemacht wurden (siehe hierzu Träm, Michael (Bankenaufsicht 2006), S. 104).

269 Vgl. zu diesem Absatz PricewaterhouseCoopers (Verbriefung 2009), S. 1. Weitergehende Literatur zum strukturellen Aufbau und zu Inhalten des 3-Säulen-Konzepts ohne ausschließlich spezifische Ausrichtung nach Verbriefungsanforderungen sind u. a. Bieg, Hartmut; Krämer, Gregor; Waschbusch, Gerd (Bankenaufsicht 2009); Paul, Stephan (Basel II 2007); Cluse, Michael u. a. (Einführung 2005); Schauff, Joachim und Stellmacher, Tobias (Process 2005).

5. Die Behandlung von Verbriefungen nach dem Bankenaufsichtsrecht

5.1. Grundsystematik der aufsichtsrechtlichen Behandlung von Verbriefungen

Die mit der Umsetzung von Basel II eingeführte SolvV beinhaltet nicht nur die stark modifizierten Eigenmittelanforderungen des Grundsatzes I, sondern schließt auch die Verbriefungsregelungen der Bankenrichtlinie mit ein.[270] So wurden in Deutschland erstmalig umfassende Regelungen zur Eigenkapitalunterlegung von *Verbriefungspositionen*[271] im Anlagebuch eingeführt und Voraussetzungen für die Inanspruchnahme regulatorischer Anrechnungserleichterungen durch Originatoren von *Verbriefungstransaktionen*[272] festgelegt.[273] Dabei finden die aufsichtsrechtlichen Regelungen bei Instituten Anwendung, die Originatoren, Investoren oder Sponsoren einer Verbriefungstransaktion sind.[274] Der Baseler Ausschuss verfolgt im Kontext der Securitization mit den neuen aufsichtsrechtlichen Regelungen u. a. die Intention, die Möglichkeiten der Banken zu begrenzen, aufsichtsrechtliche Eigenkapitalanforderungen in bedeutendem Ausmaß zu reduzieren, ohne in demselben Maße ihre Kreditrisiken zurü ckzuführen.[275]

Nun umfasst eigens Kapitel 6 der Solvabilitätsverordnung die Thematik der Verbriefungen. Sie ist in sechs Abschnitte unterteilt. Abschnitt 1 beinhaltet allgemeine Bestimmungen zum

---

270 Die Behandlung von Verbriefungstransaktionen unterlag vor der Einführung von Basel II einer Einzelfallabstimmung mit der Aufsicht (vgl. Deutsche Bundesbank (Eigenkapitalregelungen 2006), S. 82). Nach den Regelungen der Solvabilitätsverordnung werden Verbriefungen als Adressrisikopositionen eingestuft (vgl. § 4 Abs. 2 Satz 1 SolvV). Diese Positionen setzen sich gemäß § 9 SolvV zusammen aus: den *bilanziellen, außerbilanziellen* und *derivativen Adressenausfallrisikopositionen* sowie den *Vorleistungsrisikopositionen für Handelsbuchgeschäfte.*

271 Eine *Verbriefungsposition* ist eine Risikoposition in einer Verbriefungstranche gemäß § 227 Abs. 2 SolvV (§ 227 Abs. 1 SolvV). Weitere ebenfalls als Verbriefungspositionen geltende Positionen sind in den §§ 227 Abs. 1 Nr. 1 bis Nr. 3 SolvV aufgelistet, worunter auch ein vom Originator zu berücksichtigender Investorenanteil aus Verbriefungstranskationen nach § 245 Abs. 2 SolvV fällt. Der Nominalbetrag der Position wird auch als *EAD* (Exposure At Default) bezeichnet (vgl. Gehrmann, Volker; Haaf, Hermann (Forderungsverbriefungen 2004), S. 476 und Steiner, Manfred; Miehle, Christian; Mader, Wolfgang (Mindestkapitalanforderungen 2005), S. 476).

272 Nach § 226 Abs. 1 SolvV ist eine *Verbriefungstransaktion* definiert als jede einheitlich dokumentierte Transaktion oder jedes einheitlich dokumentierte Verbriefungsprogramm mit festgelegten Bedingungen.

273 Vgl. insbesondere Deutsche Bundesbank (Eigenkapitalregelungen 2006), S. 82-83. Für im Handelsbuch (siehe Ausführungen in Abschnitt 3.2) gebuchte Verbriefungspositionen existieren bislang keine separaten Anforderungen. Allerdings sind Verbriefungspositionen – zumindest bei Instituten ohne interne Modelle zur Messung von Marktrisiken – gemäß § 303 Abs. 5 SolvV auch im Handelsbuch vom Eigenkapital abzuziehen, falls es im Anlagebuch zu einem Kapitalabzug kommen würde. Dadurch sollen Arbitragegeschäfte zwischen Anlage- und Handelsbuch verhindert werden (vgl. hierzu Dorendorf, Bettina; Wessendorf, Anne (Wertpapiere 2010), S. 889 und Aberer, Bartle (SolvV 2007), S. 208).

274 Vgl. zum Adressatenkreis § 225 Abs. 1 SolvV. Die bankenaufsichtliche Definition der verschiedenen Rollen, die ein Institut wahrnehmen kann, erfolgt in § 229 SolvV (vgl. Gerth, Volker (Verbriefungen 2008), S. 2099, Rn. 11). Originatoren unterliegen den Regelungen der SolvV nur, wenn sie aus einer Verbriefungstransaktion eine Kapitalerleichterung in Anspruch nehmen (§ 225 Abs. 1 Satz 2 SolvV).

275 Vgl. Söhlke, Thomas (Erfassung 2002), S. 169-170. Zur Behandlung dieser Arbitrage des regulatorischen Eigenkapitals siehe Ausführungen in Abschnitt 3.2 dieser Studie.

Anwendungsbereich (z. B. Adressaten, Verbriefungspositionen, -tranchen) sowie weitere Begriffsbestimmungen (z. B. verbrieftes Portfolio). Abschnitt 2 regelt die Anrechnungserleichterungen aus eigenen Verbriefungstransaktionen der Originatoren. Die Anforderungen für die Verwendung von Bonitätsbeurteilungen für Verbriefungen legt Abschnitt 3 der SolvV fest. Die Abschnitte 4 und 5 regeln die Verfahren zur Ermittlung risikogewichteter Positionswerte für *KSA-Verbriefungspositionen* (Abschnitt 4) bzw. für *IRBA-Verbriefungspositionen* (Abschnitt 5).[276] Der Inhalt des Sechsten Abschnitts besteht aus näheren Regelungen zur Ermittlung der Abzugsbeträge für Verbriefungspositionen, die nach § 10 Abs. 1d KWG bei der Ermittlung des *modifizierten verfügbaren Eigenkapitals*[277] in Abzug gebracht werden.[278]
Neben der Mindestkapitalunterlegung der Säule 1 (siehe Ausführungen in nachfolgendem Abschnitt 5.2) der neuen Baseler Eigenkapitalvereinbarung tragen dabei auch die Regelungen der Säulen 2 (siehe Ausführungen in Abschnitt 5.3) und 3 (siehe Ausführungen in Abschnitt 5.4) in einem wesentlichen Maße zur risikoadäquaten Behandlung von Verbriefungen bei.[279]

5.2. Mindestkapitalvorschriften für Verbriefungspositionen nach der Solvabilitätsverordnung

5.2.1. Die Kriterien einer Verbriefung nach der Solvabilitätsverordnung

5.2.1.1. Die Verbriefungseigenschaft einer Position

Im Zuge der Implementierung eines umfassenden Regelwerks für Verbriefungspositionen in die SolvV wurde erstmals eine klare, aufsichtsrechtliche Begriffsabgrenzung für Verbriefungen vorgenommen.[280] Um als Verbriefungstransaktionen im Sinne der SolvV zu gelten, müssen verschiedene Kriterien kumulativ zwingend erfüllt sein.[281] § 226 SolvV beinhaltet diese regulatorische Definition:

---

276 *KSA* ist die Kurzbezeichnung für den Kreditrisiko-Standardansatz; *IRBA* steht für den auf interne Rating-Verfahren basierenden Ansatz (Internal-Rating-Based-Approach). Sowohl KSA- als auch IRBA-Verbriefungspositionen sind in § 227 SolvV definiert. Beide Ansätze werden i. R. der Eigenmittelunterlegung von Adressrisiken in Abschnitt 5.2.3 explizit behandelt.

277 Das *modifiziert verfügbare Eigenkapital* (mvEK) ist eine Eigenmittelkategorie, die der Ermittlung der Angemessenheit der Eigenmittelausstattung eines Kredit- oder Finanzdienstleistungsinstituts nach Maßgabe der SolvV zugrunde zu legen ist (§ 10 Abs. 1d Satz 1 KWG). Vgl. hierzu Bieg, Hartmut; Krämer, Gregor; Waschbusch, Gerd (Bankenaufsicht 2009), S. 78.

278 Vgl. zu diesem Absatz Hofmann, Katja (Verbriefungen 2009), S. 1682, Rn. 2.

279 Vgl. Hofmann, Gerhard; Morck, Thomas; Reichardt-Petry, Karin (Verbriefungen 2007), S. 236.

280 Vgl. Lützow, Sebastian; Abel, Volker (Abbildung 2007), S. 283.

281 Vgl. Backhaus, Karsten (Solvabilitätsverordnung 2007), S. 3.

- Vorliegen einer einheitlichen Dokumentation für jede Transaktion bzw. jedes Verbriefungsprogramm;
- Aufteilung des Adressenausfallrisikos aus einem verbrieften Portfolio anfänglich in wenigstens zwei Tranchen;
- Abhängigkeit der Zahlungsansprüche oder -verpflichtungen der Halter der Risikopositionen ausschließlich vom verbrieften Portfolio sowie den eventuell dazugehörenden Sicherheiten (*limited recourse*);
- Subordinationsverhältnis der Verbriefungstranchen zueinander als Basis für die Bestimmung der Reihenfolge der Zahlungen bzw. die Allokation von Verlusten;
- kein Vorliegen einer Leistungsstörung bereits bei Eintritt eines Kreditereignisses (d. h. Nichtzahlung oder Zuweisung von Verlusten) für eine nachrangige Tranche derselben Transaktion.[282]

Jede Position der Bank muss de facto auf ihre Verbreifungseigenschaften abgeprüft werden; denn bei Nichterfüllung einer dieser Kriterien darf die Transaktion nicht unter der Forderungsklasse „Verbriefungen“ klassifiziert werden, mit entsprechenden Auswirkungen auf die regulatorische Eigenkapitalunterlegung. Für die Beteiligten kann dadurch unter Umständen ein vorrangiges Ziel bei der Partizipation in Verbriefungstransaktionen konterkariert werden.[283] Die Eigenschaft einer Verbriefung orientiert sich alleinig an ihrer *wirtschaftlichen Substanz*, wobei das Element der Tranchierung eine zentrale Stellung bei der Bestimmung der Eigenschaft einnimmt.[284]

5.2.1.2. Der Grundsatz der Akzessorietät und Partial Use

Behält oder erwirbt ein Institut Verbriefungspositionen zurück, so ist jede Verbriefungstransaktion aufsichtsrechtlich gemäß dem Ansatz zu behandeln, den die Bank für die der Verbriefung zugrunde liegenden Forderungen anwenden würde, wären die Forderungen nicht verbrieft worden.[285] Somit besteht hinsichtlich der Einstufung der Positionen als KSA- oder als IRBA-Verbriefungstransaktionen eine Koppelung an die (fiktive) Behandlung des verbrieften

282 Vgl. bezüglich des Kriterienkatalogs Aberer, Bartle (SolvV 2007), S. 192 und Dorendorf, Bettina; Wessendorf, Anne (Wertpapiere 2010), S. 889-890.

283 Vgl. zu diesem Absatz Backhaus, Karsten (Solvabilitätsverordnung 2007), S. 3.

284 Die Bezeichnung oder die juristische Ausgestaltung eines Wertpapiers ist für das Prüfergebnis irrelevant (vgl. Aberer, Bartle (SolvV 2007), S. 192). Das Hilfsmittel der Tranchierung ist in Abschnitt 2.2.1.4 ausführlich aufgeführt.

285 Vgl. auch Aberer, Bartle (SolvV 2007), S. 193.

Portfolios beim Institut bzw. bei der Institutsgruppe.[286] Dieses sog. *Akzessorietätsprinzip* findet in § 226 Abs. 4 und Abs. 5 SolvV Berücksichtigung.[287] § 226 Abs. 4 SolvV definiert diesbezüglich, wann eine KSA-Verbriefungstransaktion vorliegt. Nach § 226 Abs. 4 Satz 1 SolvV ist eine KSA-Verbriefungstransaktion jede Verbriefungstransaktion, wenn das verbriefte Portfolio eines Originators gemessen an den Bemessungsgrundlagen überwiegend aus Adressenausfallrisikopositionen besteht, die er ohne Beachtung der Verbriefung als KSA-Positionen zu behandeln hätte.[288] Weiterhin handelt es sich für ein Institut, das Sponsor oder Investor ist, auch um eine KSA-Verbriefungstransaktion, wenn es sich bei der Mehrheit der verbrieften Forderungen um eine keine IRBA-fähigen Positionen handelt.[289] Der zu diesem Zweck eingeführte Terminus „IRBA-fähig" wird in § 226 Abs. 4 Satz 2 SolvV spezifiziert; wonach IRBA-fähig solche Adressenausfallrisikopositionen sind, die vom Institut derselben IRBA-Forderungsklasse zuzuordnen sind wie selbstgeschaffene, im Risiko des Instituts stehende Positionen, für die ein IRBA-Institut ein bankenaufsichtlich zugelassenes Ratingsystem verwendet.[290] Im Gegensatz zur Definition von KSA-Verbriefungstransaktionen folgt der Anwendungsbereich der IRBA-Verbriefungsregelungen dem Prinzip der „strengen Akzessorietät", d. h. die IRBA-Verbriefungsregelungen werden nicht durch Entscheidung des Instituts oder der Institutsgruppe eröffnet, sondern resultieren zwangsläufig aus der Behandlung des verbrieften Portfolios einer bestimmten Verbriefungsposition, wäre dieses Portfolio ein eigenes des Instituts bzw. der Gruppe.[291] Nach § 226 Abs. 5 SolvV werden alle Transaktionen, die nicht die Voraussetzungen des § 226 Abs. 4 SolvV erfüllen, als IRBA-Verbriefungstransaktionen klassifiziert. Diese Eigenschaft einer Verbriefungstransaktion kann sich über die Dimension der Portfoliozusammensetzung als auch durch eine institutsbezogene Ausweitung der Einführung des IRBA im Zeitverlauf verändern.[292]

---

286 Die Anwendbarkeit der Verbriefungsregelungen müsse auf Ebene desjenigen Regelanwenders vorliegen, der Adressat der Pflicht zur angemessenen Eigenmittelausstattung sei. D. h. für § 10 Abs. 1 Satz 1 KWG jedes *Einzelinstitut*, sowie für § 10a Abs. 1 KWG ggf. zusätzlich die *Institutsgruppe* (vgl. Arbeitskreis „Umsetzung Basel II" (Protokoll 2005), S. 12). Zu den unterschiedlichen Verfahren zur Eigenmittelunterlegung von Verbriefungspositionen siehe Ausführungen in nachfolgendem Abschnitt 5.2.3.

287 Vgl. auch Hofmann, Katja (Verbriefungen 2009), S. 1691, Rn. 15.

288 Werden bspw. Forderungen des Mengengeschäfts von einem IRBA-Institut als Originator verbrieft, die es ohne Verbriefung als KSA-Positionen behandeln würde, so ist auch die Verbriefung als KSA-Verbriefungstransaktion einzustufen.

289 Vgl. § 226 Abs. 4 Satz 1 Nr. 2 SolvV.

290 Mit der Thematik bankenaufsichtsrechtlicher Anerkennung von Ratings befasst sich explizit Abschnitt 5.2.1.3 dieses Werks.

291 Vgl. auch Arbeitskreis „Umsetzung Basel II" (Protokoll 2005), S. 12.

292 Vgl. auch Hofmann, Katja (Verbriefungen 2009), S. 1691, Rn. 19 und zu diesem Absatz Gerth, Volker (Verbriefungen 2008), S. 2105-2106, Rn. 16-19.

Eine Aufweichung der strengen Akzessorietät bildet die sog. *Partial Use*-Regelung. Denn sollte aufgrund von mangelnder Datenverfügbarkeit oder angenommener Immaterialität des Mengengeschäfts keine Anwendung eines IRB-Verfahrens[293] möglich sein, ist die Position vom Eigenkapital abzuziehen, auch wenn ein KSA-Verfahren anwendbar wäre.[294] Dieser Tatbestand kann speziell bei Positionen im Zusammenhang mit ABCP-Programmen, wo die Margen oft sehr eng sind, für ein Institut zu einem erheblichen Wettbewerbsnachteil führen. Um vor allem kleineren Banken eine kostenintensive Entwicklung eines eigenen IRB-Verfahrens zu ersparen, kann auch die Anwendung eigener Risikomodelle auf Teile der Marktrisikomodelle beschränkt werden.[295] Allerdings findet die Partial Use-Regelung – also die Anwendung des Standardansatzes – nur für Positionen statt, auf die das *interne Bemessungsverfahren* (*Internal Assessment Approach* – IAA)[296] Anwendung fände. Gemäß § 255 Abs. 2 SolvV ist dann die Anwendung des Standardansatzes auf maximal 10 % der gesamten IAA-Positionen begrenzt. Ebenfalls fallen Neugeschäfte, für welche z. B. noch kein abgenommenes IAA-Verfahren verfügbar ist, unter diese Regelung.[297]
Betrachtet man die Verbriefungsvariante Resecuritization[298], stellt sich hier die Frage, ob auch von einer IRBA-Fähigkeit ausgegangen werden kann. Gerade Instituten, welche als Sponsoren oder Investoren fungieren, ist es bei Wiederverbriefungen nicht immer möglich, die ursprünglichen Assets zu identifizieren. Dennoch dürfte der Wille der Bankenaufsicht zu Vereinfachungsregelungen abgenommen haben – gerade im Zuge der Finanzmarktkrise, durch die Transparenz im Verbriefungsgeschäft an Gewicht gewonnen hat.[299] Auch die Behandlung eines übergangsweisen Partial Use i. R. aufsichtsrechtlicher Konsolidierungsprozesse[300] bei den Instituten beschäftigt die Bankenaufsicht.[301]

---

293 Unterschiedliche auf interne Ratings basierende Verfahren werden in Abschnitt 5.2.3.3 aufgezeigt.

294 Vgl. Gerth, Volker (Verbriefungen 2008), S. 2106, Rn. 19.

295 Vgl. auch Hartmann-Wendels, Thomas; Pfingsten, Andreas; Weber, Martin (Bankbetriebslehre 2007), S. 397.

296 Das interne Bemessungsverfahren nach § 259 SolvV gilt neben dem ratingbasierten Ansatz (§ 257 SolvV) und dem aufsichtlichen Formel-Ansatz (§ 258 SolvV) als Verfahren zur Bestimmung des IRBA-Verbriefungsrisikogewichts. Detailierte Ausführungen hierzu beinhaltet Abschnitt 5.2.3.3.4.

297 Von dieser Ausnahme darf ein Institut nur Gebrauch machen, falls nach Einschätzung der Bundesanstalt die Summe aller nach § 255 Abs. 2 Satz 1 SolvV ermittelten IRBA-Positionswerte im Verhältnis zur Summe sämtlicher IRBA-Positionswerte unwesentlich ist. Vgl. zu diesem Absatz Aberer, Bartle (SolvV 2007), S. 193.

298 Abschnitt 2.2.2.3 befasst sich u. a. mit dieser Sonderform von Verbriefungstransaktionen.

299 Vgl. zu den Ausführungen bzgl. den Wiederverbriefungen Hofmann, Katja (Verbriefungen 2009), S. 1692, Rn. 23.

300 Eine Zusammenfassung der Eigenmittel und Risikopositionen auf Gruppenebene sieht § 10a KWG vor (vgl. hierzu und für detailliertere Einblicke in die aufsichtsrechtlichen Konsolidierungsverfahren Sopp, Guido (IFRS 2010), S. 345-369).

5.2.1.3. Anforderungen an die Verwendung von externen Bonitätsbeurteilungen für Verbriefungen

„Ratingagenturen zählen zu den systemisch wichtigen Akteuren".[302] Gerade bei strukturierten Wertpapieren hat das externe Rating ein größeres Gewicht als bei „normalen" Wertpapieren[303]. Schließlich hat der Markt für diese Emissionen nur Bestand, wenn das Risiko des verbrieften Pools zutreffend eingeschätzt und dementsprechend die Rating-Kategorien für die verschiedenen Tranchen bestimmt wird.[304] Diese angemessene Risikobeurteilung dient in erster Linie dem Abbau von *Informationsasymmetrien* zwischen den Marktteilnehmern.[305] Die Ratingqualität ist in diesem Zusammenhang maßgebend für einen hohen Grad an Vertrauen in die dauerhafte Zuverlässigkeit der Bonitätsbeurteilungen durch die Agenturen. Doch gerade im Verbriefungsmarkt haben die Ratingagenturen mit Vertrauenseinbußen zu kämpfen, da Risiken strukturierter Kredit- und Subprime-Produkte unterschätzt und ihre Ratings den verschlechterten Marktbedingungen nicht unverzüglich angepasst wurden.[306] Für diese Schwächen bei den Rating-Methoden und im Rating-Prozess, insbesondere bei der Überprüfung bestehender Ratings, wird der oligopolistische Ratingmarkt verantwortlich gemacht. Die drei weltweit agierenden Ratingagenturen S&P, Moody`s Investors Service Corp. (Moody`s) und Fitch Ratings Ltd. (Fitch) mit US-amerikanischer Prägung dominieren den Markt für Ratingdienstleistungen.[307] So stehen diese führenden Agenturen häufig dann im Kreuzfeuer der Kritik, wenn sich ein Rating als falsch herausstellt. Beispielhaft für solche Fehleinschätzungen

---

301 Eine Stellungnahme zu dieser Problematik findet sich bspw. in einem Vorschlag des Fachgremiums IRBA vom 27.04.2005 (vgl. Fachgremium IRBA (Partial Use 2005), S. 1-6). Das Fachgremium IRBA ist zusammen mit dem Fachgremium Kreditsicherungstechniken am 01.03.2007 aufgegangen im Fachgremium Kredit.

302 Deipenbrock, Gudula (Licht 2009), S. 1165.

303 Untern „normalen" Wertpapieren versteht man in diesem Zusammenhang nicht besicherte Anleihe-Emissionen von Staaten, Unternehmungen und Finanzinstituten.

304 Vgl. Bundesverband Deutscher Banken (Finanzmarktturbulenzen 2008), S. 55.

305 Vgl. Deipenbrock, Gudula (Rechtsfragen 2005), S. 261. Zu dem Problem der Informationsasymmetrie vergleiche detaillierte Ausführungen in Anschnitt 5.4 dieser Studie.

306 Das Vertrauen wurde, insbesondere bei Ausgabe von RMBS, besichert durch Hypothekenkredite schlechter Bonität am US-amerikanischen Markt, nachhaltig beschädigt. Vgl. Deipenbrock, Gudula (Licht 2009), S. 1165-1166.

307 Sie kontrollieren zusammen 95 % des gesamten externen Ratingmarkts (vgl. Waschbusch, Gerd; Druckenmüller, Jens; Staub, Nadine (Mittelstandsfinanzierung 2009), S. 277). Für weitere Einzelheiten zu den einzelnen Ratingagenturen vergleiche bspw. Everling, Oliver (Ratingverfahren 2005), S. 73-79. Unternehmungen wählen Ratingagenturen für kapitalmarktorientierte Zwecke vornehmlich aufgrund ihrer Reputation. Da diese wesentlich durch den sog. *Track Record* (Aus ihm ergibt sich, ob die Agentur über einen längeren Zeitraum mit ihren Bonitätsurteilen hinreichend gute Einschätzungen geliefert hat.), bestimmt wird, konnten sich deutsche bzw. europäische Neugründungen von Ratingagenturen bisher kaum etablieren. Vgl. hierzu Deipenbrock, Gudula (Rechtsfragen 2005), S. 262.

stehen spektakuläre Unternehmenszusammenbrüche wie das wirtschaftliche Desaster des amerikanischen Unternehmens Enron Corp. im Jahre 2002.[308]

Nach Basel II ist ein externes Rating gemäß § 237 SolvV nur dann aufsichtsrechtlich anerkennungsfähig, wenn:

- die Bonitätsbeurteilung von einer für Verbriefungen aufsichtlich anerkannten Ratingagentur durchgeführt wird;[309]
- es ein beauftragtes Rating ist;
- das Rating sämtliche Arten von Zahlungen berücksichtigt, die für das Institut aus der Verbriefungsposition relevant sind;[310]
- das Rating öffentlich verfügbar ist.

Weiterhin ist gemäß § 237 Abs. 2 Satz 2 und 3 SolvV eine Bonitätsbeurteilung, die zusätzlich zum verbrieften Portfolio vorhandene Sicherungsinstrumente berücksichtigt, nur dann anerkannt, wenn es sich ausschließlich um solche Sicherungsinstrumente handelt, die dem Emittenten einer Verbriefungstranche direkt zur Verfügung gestellt wurden. Profitiert das Rating einer Tranche aber direkt von einem Sicherungsinstrument, ist die Bonitätsbeurteilung nicht verwendungsfähig.[311] Zudem dürfen gemäß § 236 SolvV bei Verbriefungspositionen der gleichen Verbriefungstransaktion Ratings nicht selektiv verwendet werden, auch dann nicht, wenn keine Bonitätsbeurteilung einer benannten Ratingagentur vorliegt.[312]

Als Reaktion auf die internationale Finanzmarktkrise sah sich die Europäische Kommission zum Handeln veranlasst und legte im November 2008 den Vorschlag einer Verordnung des Europäi-

---

308 Die führenden Ratingagenturen bewerteten noch vier Tage vor dem finanziellen Zusammenbruch die Enron Corp. mit einer ihrer vier höchsten Bonitätsstufen (Investment Grade), was selbst für konservative Investoren eine sichere Anlage bedeutet. Vgl. Richter, Malte (Ratings 2008), S. 960 und Wieben, Hans-Jürgen (Risikomanagement 2004), S. 2.

309 Die BaFin veröffentlichte am 14.08.2009 eine Liste der für die bankenaufsichtliche Risikogewichtung anerkannten Ratingagenturen nach §§ 52 und 53 SolvV. Anlage 4 im Anhang dieses Werks gibt diese bezogen auf das Marktsegment strukturierter Finanzierungen, einschließlich Verbriefungstranchen i. S. d. § 227 Abs. 2 SolvV, in Tabellenform wieder.

310 Repräsentiert eine Verbriefungsposition respektive Tranche bspw. sowohl Zins- als auch Tilgungsleistungen, so muss die externe Bonitätsbeurteilung sowohl das Kreditrisiko der Kapitalrückzahlung als auch der fristgerechten Zinszahlungen einbeziehen (vgl. Gerth, Volker (Verbriefungen 2008), S. 2142, Rn. 6).

311 Sicherheiten müssen somit der Gesamtstruktur zur Verfügung stehen, damit die Berücksichtigung im Rating unschädlich ist. Die Regelungen der §§ 154 bis 224 SolvV zur anrechnungsmindernden Berücksichtigung von Sicherungsinstrumenten bleibt allerdings unberührt. Vgl. Hofmann, Katja (Verbriefungen 2009), S. 1727-1728, Rn. 7.

312 Das Ziel, welches die Bankenaufsicht damit verfolgt, ist die Verhinderung einer arbitragegetriebenen Bestimmung der maßgeblichen Bonitätsbeurteilung. Vgl. zu diesem Absatz Aberer, Bartle (SolvV 2007), S. 193-194 und Gerth, Volker (Verbriefungen 2008), S. 2138-2139, Rn. 3 und S. 2141-2142, Rn. 5-9.

schen Parlaments und des Rates über Ratingagenturen vor.[313] Die daraus resultierte Verordnung führt nunmehr ein rechtsverbindliches Registrierungs- und Aufsichtssystem für Ratingagenturen mit Sitz in der EG ein, welche Ratings erstellen, veröffentlichen oder an Abonnenten weitergeben. Sie verfolgt vier große Ziele[314]:

- die Vermeidung bzw. angemessene Handhabung von Interessenkonflikten;
- die Verbesserung der Qualität der von den Ratingagenturen angewandten Methoden und der von ihnen abgegebenen Ratings;
- die Erhöhung der Transparenz durch Festlegung von Angabepflichten und
- die Schaffung eines effizienten Registrierungs- und Aufsichtsrahmens.[315]

Mit besonderem Fokus auf Verbriefungen bedeutet diese Verordnung folgendes:

- insbesondere hinsichtlich der Ausgestaltung strukturierter Finanzinstrumente sollten Ratingagenturen keine Vorschläge oder Empfehlungen unterbreiten dürfen (Nr. 22);
- in Fällen, in denen es aufgrund fehlender verlässlicher Daten oder der komplexen Struktur eines Finanzinstruments, zweifelhaft ist, ob die Ratingagentur ein verlässliches Rating abgeben kann, sollte die Ratingagentur kein Rating abgeben und ein bereits existierendes Rating zurückziehen (Nr. 34);
- Ratingagenturen sollten helfen, die Benutzer der Ratings für die Unterschiede zwischen strukturierten und herkömmlichen Finanzprodukten zu sensibilisieren, indem sie klar zwischen Ratingkategorien, die bei der Bewertung strukturierter Finanzinstrumente verwendet werden einerseits, und Ratingkategorien für andere Finanzinstrumente oder finanzielle Verbindlichkeiten andererseits unter Zuhilfenahme zusätzlicher geeigneter Symbole unterscheiden (Nr. 40);
- Ratingagenturen sollten Maßnahmen treffen, um zu verhindern, dass Emittenten bei mehreren Agenturen eine Vorabbewertung für ein strukturiertes Finanzinstrument beantragen, um festzustellen, welche von ihnen für die vorgeschlagene Struktur das beste Rating bietet (Nr. 41).[316]

---

313 Vorschlag für eine Verordnung des Europäischen Parlaments und des Rates über Ratingagenturen vom 12. November 2008 (KOM (2008) 704 endgültig – 2008/0217 (COD)). Dieser Vorschlag nahm das Europäische Parlament am 23.04.2009 mit Änderungen an. Nach der Veröffentlichung im Amtsblatt der EU (Stellungnahme des Europäischen Wirtschafts-und Sozialausschusses zum Thema „Ratingagenturen" (2009/C 277/25) vom 17. November 2009) trat die Verordnung (EG) Nr. 1060/2009 des Europäischen Parlaments und des Rates vom 16. September 2009 über Ratingagenturen am 07.12.2009 in Kraft.

314 Vgl. Stellungnahme des Europäischen Wirtschafts-und Sozialausschusses zum Thema „Ratingagenturen" (2009/C 277/25) vom 17. November 2009), S. 117.

315 Vgl. zu diesem Absatz Malte, Richter (Regulierung 2010), S. 520-539.

316 Vgl. hinsichtlich der Auflistung die Verordnung (EG) Nr. 1060/2009 des Europäischen Parlaments und des Rates vom 16. September 2009 über Ratingagenturen, S. 3-5.

5.2.2. Die Eigenkapitalentlastung aus Sicht des Originators

Aus Sicht eines Forderungsverkäufers i. S. d. Solvabilitätsverordnung[317] geht es um die zentrale Frage, unter welchen Voraussetzungen eine regulatorische Kapitalerleichterung für den verbrieften Pool in Anspruch genommen werden kann.[318] Hinsichtlich dieser Thematik gibt es detaillierte operationelle Anforderungen, denen eine Bank als Originator nachzukommen hat.[319] Diese werden im Weiteren aufgeführt.

Maßgeblich für die Eigenkapitalentlastung beim Originator ist die Gewährung eines *wesentlichen* und *wirksamen Risikotransfers* der verbrieften Assets.[320] § 232 SolvV definiert dabei Grenzwerte für die vom Originator selbst gehaltenen Verbriefungspositionen. Folglich sind alle Positionen bezüglich eines *wesentlichen* Risikotransfers unbedenklich, für die der Originator das höchste Risikogewicht von 1250 % bei der Ermittlung des Gesamtanrechnungsbetrags für Adressrisiken (§ 8 Abs. 1 SolvV) ansetzen oder im Abzugsbetrag für Verbriefungspositionen nach § 10 Abs. 6a Nr. 3 KWG berücksichtigen muss.[321] Diese Regelung betrifft vor allem das First Loss Piece. Weiterhin gibt es kein Limit für Verbriefungspositionen ab der zweithöchsten Ratingkategorie. Signifikant für die Bestimmung des wesentlichen Risikotransfers ist letztendlich der vom Forderungsverkäufer selbst gehaltene Anteil an mezzaninen Verbriefungstranchen.[322] Dieser Anteil darf max. die Hälfte des Gesamtvolumens aller mezzaninen Tranchen der maßgeblichen Verbriefungstransaktion betragen. Das einbehaltene First Loss Piece steht einem wesentlichen Risikotransfer deshalb nicht entgegen, da die regulatorische Eigenkapitalunterlegung ihren Fokus auf unerwartete Verluste hat.[323] § 232 Abs. 2 Satz 2 der SolvV beschränkt das Intervall zur Bestimmung einer mezzaninen Tranche. Es beginnt mit derjenigen Tranche, deren Risikogewicht kleiner 1250 % ist und endet unterhalb der höchstrangigen oder einer extern mit mindestens der zweitbesten Ratingka-

---

317 Im Sinne der SolvV gilt ein Institut als Originator einer Verbriefungstransaktion, wenn mindestens 50 % des verbrieften Portfolios für Rechnung des Instituts oder der Institutsgruppe begründet oder gekauft wurden (vgl. Dorendorf, Bettina; Wessendorf, Anne (Wertpapiere 2010), S. 891).

318 Vgl. Hofmann, Gerhard; Morck, Thomas; Reichardt-Petry, Karin (Verbriefungen 2007), S. 239 und Deutsche Bundesbank (Eigenkapitalregelungen 2006), S. 83.

319 Vgl. PricewaterhouseCoopers (Verbriefung 2009), S. 2.

320 Vgl. § 232 Abs. 1 SolvV.

321 Vgl. § 232 Abs. 2 Satz 1 Nr. 1 SolvV. Die Wesentlichkeitskriterien des Risikotransfers wurden als objektiver Beurteilungsmaßstab mit Blick auf marktübliche Verbriefungsstrukturen abgeleitet, wodurch Flexibilität für eine an der ökonomischen Wirkung der Verbriefung orientierte regulatorische Auslegung geschaffen wird (vgl. hierzu insbesondere Gerth, Volker (Verbriefungen 2008), S. 2126, Rn. 6 und Hofmann, Gerhard; Morck, Thomas; Reichardt-Petry, Karin (Verbriefungen 2007), S. 239).

322 Vgl. Backhaus, Karsten (Solvabilitätsverordnung 2007), S. 4. Während die Erstverlusttranche die erwarteten Verluste umfasst – somit kein Kreditrisiko i. e. S. darstellt, entfallen die unerwarteten Verluste auf die darüber liegenden mezzaninen Tranchen (vgl. insbesondere Aberer, Bartle (SolvV 2007), S. 208).

323 Vgl. Dorendorf, Bettina; Wessendorf, Anne (Wertpapiere 2010), S. 891.

tegorie der Agentur beurteilten Tranche.[324] Dadurch soll die schon bei den Risiken und Problemen einer Verbriefung in Kapitel 0 aufgeführte, regulatorische Kapitalarbitrage verhindert werden. Werden obige Kriterien des wesentlichen Risikotransfers nicht erfüllt, kann der Nachweis gegenüber der Aufsicht auch mittels Einzelfallprüfung erfolgen.[325] Angesichts der Komplexität mancher Verbriefungstransaktionen ist die Forderung nach einem wesentlichen Risikotransfer keineswegs trivial.[326]

Die Bankenaufsicht reglementiert einen *wirksamen* Risikotransfer in § 232 Abs. 3 und 4 der SolvV. Dabei knüpften die Voraussetzungen an die Struktur und die vertragliche Gestaltung der Verbriefungstransaktion an, sodass zwischen True-Sale- und synthetischen Transaktionen unterschieden wird.[327] Der Gesetzgeber bezweckt mit diesen Mindestanforderungen an den wirksamen Risikotransfer, zu gewährleisten, dass unabhängig struktureller Eigenschaften von Verbriefungen, ein Originator nach einer Transaktion und nach Inanspruchnahme von Kapitalerleichterungen nicht mehr den aus dem Portfolio resultierenden Adressenrisiken ausgesetzt ist.[328] Dort aufgeführte Voraussetzungen sind u. a.:

- eine die Struktur abbildende und der wirtschaftlichen Substanz entsprechende Dokumentation;
- notwendige Rechtsgutachten zur Durchsetzbarkeit der Sicherungsinstrumente;
- das Kündigungsrecht der Transaktion durch den Originator erst, wenn der Wert des verbrieften Portfolios 10 % des ursprünglichen Betrages aufweist (Clean-up-Call);
- bei **True-Sale Verbriefungen** kein tatsächlicher oder indirekter Einfluss des Originators mehr auf die im verbrieften Portfolio enthaltenen Adressenrisikopositionen[329];
- bei **synthetischen Verbriefungen** keine Existenz von Klauseln, welche als Folge einer Verschlechterung der Kreditqualität des verbrieften Portfolios die Beendigung der Besicherung erlauben oder auslösen.[330]

---

324 Vgl. Backhaus, Karsten (Solvabilitätsverordnung 2007), S. 4.

325 Vgl. § 232 Abs. 2 Satz 3 SolvV.

326 Vgl. Hofmann, Gerhard (Finanzmarktstabilität 2007), S. 904.

327 Die Anforderungen sind teilweise für beide Verbriefungsstrukturen identisch, z. B. hinsichtlich der Anforderungen, dass die Dokumentation der Transaktion die wirtschaftliche Substanz der Transaktion widerspiegeln soll (§ 232 Abs. 3 Nr. 1 und § 232 Abs. 4 Nr. 1 SolvV). Vgl. hierzu Backhaus, Karsten (Solvabilitätsverordnung 2007), S. 5 und Hofmann, Katja (Verbriefungen 2009), S. 1715, Rn. 22.

328 Vgl. Hofmann, Katja (Verbriefungen 2009), S. 1715, Rn. 22.

329 Dies bedeutet, dass der Originator nicht berechtigt ist, die übertragenen Adressenrisikopositionen von deren Erwerber zurückzukaufen, um damit verbundene Gewinne zu realisieren, oder verpflichtet ist, übertragenes Risiko zurückzunehmen. Originator und verbrieftes Portfolio gilt es insolvenzrechtlich zu isolieren. Vgl. insbesondere Backhaus, Karsten (Solvabilitätsverordnung 2007), S. 5 und Fachgremium ABS (Verbriefungstransaktionen 2007), S. 1.

Gerade aus den beiden letzten Anforderungen ergeben sich Fragen bzgl. der Behandlung von Kündigungsrechten in Verbriefungstransaktionen. Dieser Thematik widmete sich das *Fachgremium ABS*[331] im Jahre 2007 und identifizierte in diesem Zusammenhang vier Grundarten von Kündigungsrechten: Kündigungsrechte aufgrund von Änderungen rechtlicher Rahmenbedingungen, Beendigungstatbestände aufgrund von Leistungsstörungen in der Vertragsbeziehung, datierte Kündigungsrechte (Time Call), Rückführungsoptionen und sonstige Kündigungsrechte.[332]

Sind die Bedingungen an einen wesentlichen und wirksamen Risikotransfer eingehalten, darf der Originator Risikoaktiva-Entlastungen für das verbriefte Portfolio in Anspruch nehmen. Weißt die Verbriefungstransaktion eine True-Sale-Struktur auf, kann ein Institut sämtliche verbrieften Forderungen von der Eigenkapitalunterlegung ausnehmen, wenn keinerlei Positionen zurückbehalten und keinerlei Tranchen zurückgekauft werden. Bei einer synthetischen Transaktion ist ein möglicher Senior-CDS wie jede andere Garantie auf die verbrieften Kredite anzurechnen, wodurch die vom SPV erworbenen Forderungen als Sicherheit für die nicht mit der Garantie abgesicherten Teile der verbrieften Kredite herangezogen werden können.[333] Die in Anlage 5 (von Seite 85 bis 87) aufgeführten Beispiele im Anhang dieser Studie erläutern diese Unterlegung von Verbriefungspositionen aus Sicht eines Originators vor und nach Verbriefung unter Grundsatz I- und Basel II-Regelungen.

5.2.3. Die Eigenmittelunterlegung von Adressrisiken aus Investorensicht

5.2.3.1. Überblick über aufsichtsrechtliche Anrechnungsverfahren für Verbriefungen

Bei der Ermittlung der Eigenmittel für Adressrisiken unterscheidet die Solvabilitätsverordnung grundsätzlich zwischen dem *Kreditrisiko-Standardansatz* (KSA), bei dem die Risikogewichte mit Hilfe externer Ratings ermittelt werden, und einem auf *interne Rating-Verfahren*

---

330 Vgl. zu der Auflistung der Mindestanforderungen ebenfalls Aberer, Bartle (SolvV 2007), S. 208; Hofmann, Katja (Verbriefungen 2009), S. 1716-1717, Rn. 24-32; Gehrmann, Volker; Haaf, Hermann (Forderungsverbriefungen 2004), S. 471-473; Kottmann, Alexander; Lotz, Ulrich; Müller, Birgit (Securitisation 2005), S. 300-301 und Backhaus, Karsten (Solvabilitätsverordnung 2007), S. 5.

331 Das Fachgremium ABS setzt aus Vertretern der Kreditwirtschaft, der Deutschen Bundesbank und der BaFin zusammen; es hat die Aufgabe institutsübergreifende Fragestellungen im Zusammenhang mit den Mindesteigenmittelanforderungen der SolvV zu erörtern, soweit sie Verbriefungen betreffen.

332 Vgl. zu diesem Absatz und für eine detaillierte Behandlung mit Kündigungsrechten in Verbriefungstransaktionen Fachgremium ABS (Verbriefungstransaktionen 2007), S. 1-5.

333 Vgl. Aberer, Bartle (SolvV 2007), S. 208.

basierenden Ansatz (IRBA).[334] Diese Systematik erfolgt ebenfalls für Verbriefungen, wonach ein Institut bei der Ermittlung des Risikogewichts von Verbriefungspositionen zwischen KSA- und IRBA-Verbriefungstransaktionen differenzieren muss. Die Wahl des Verbriefungsansatzes folgt dabei dem Prinzip der Akzessorietät[335], wonach der für den verbrieften Forderungstyp maßgebliche Ansatz für das Kreditrisiko entscheidend ist. Dieser grundlegenden KSA- oder IRBA-Einstufung folgt auch die Behandlung aller mit der Verbriefungstransaktion verbundenen *Verbriefungspositionen.*[336] Gleichermaßen erfolgt auch die Zuordnung einer jeden Verbriefungsposition zur aufsichtlichen *Forderungsklasse* „Verbriefungen".[337] Enthält das verbriefte Portfolio sowohl KSA- als auch IRBA-Positionen, wird derjenige Ansatz verwendet, der im Portfolio volumenmäßig überwiegt.[338] Sollte keines der nachfolgenden Verfahren Anwendung finden, ist die jeweilige Verbriefungsposition bei der Ermittlung des modifiziert verfügbaren Eigenkapitals abzuziehen. Das Institut besitzt gemäß § 266 Abs. 1 SolvV ein Wahlrecht, die Position entweder vom Eigenkapital abzuziehen oder mit einem Verbriefungsrisikogewicht von 1250 % bei den risikogewichteten Positionswerten auszuweisen.[339] Die anschließenden Abschnitte 5.2.3.2, 5.2.3.3 und 5.2.3.4 befassen sich explizit mit den beiden aufsichtsrechtlichen Anrechnungsverfahren für Verbriefungspositionen.

5.2.3.2. Der Kreditrisiko-Standardansatz (KSA) für Verbriefungen

5.2.3.2.1. Ermittlung der KSA-Bemessungsgrundlage und des Positionswerts

Grundsätzlich bestimmt sich die Eigenmittelanforderung in der Solvabilitätsverordnung unabhängig des anzuwendenden Ansatzes wie folgt: Zuerst ist die *Bemessungsgrundlage* (d. h. das *Exposure*) einer Position zu ermitteln. Multipliziert man diese mit dem *Konversionsfaktor* (Credit Conversion Factor (CCF)) ergibt sich der Positionswert. Der risikogewichtete Positi-

334 Vgl. Lützow, Sebastian; Abel, Volker (Abbildung 2007), S. 285.

335 Einzelheiten des nach § 226 Abs. 4 und Abs. 5 SolvV durchzuführenden Akzessorietätsprinzips beinhaltet Abschnitt 5.2.1.2 dieser Studie.

336 Jede Verbriefungsposition, die Anteil an einer zu einer KSA-Verbriefungstransaktion gehörenden Verbriefungstranche ist, gilt als *KSA-Verbriefungsposition* (vgl. § 227 Abs. 3 SolvV). Jede Verbriefungsposition, die Anteil an einer zu einer IRBA-Verbriefungstranskation gehörenden Verbriefungstranche ist, gilt als *IRBA-Verbriefungsposition* (vgl. § 227 Abs. 4 SolvV).

337 Ein Institut muss jedes Finanzinstrument, für das eine KSA- oder IRBA-Position gebildet wurde, genau einer aufsichtlich vorgegebenen *Forderungsklasse* zuordnen. Für KSA-Positionen resultiert die Zuordnungspflicht aus § 25 SolvV; für IRBA-Positionen aus § 73 SolvV. Eine Gegenüberstellung aller KSA- und IRBA-Forderungsklassen nach SolvV beinhaltet Anlage 6 im Anhang. Auf weitere Einzelheiten zu Forderungsklassen wird i. R. dieser Studie bewusst verzichtet.

338 Vgl. zu diesem Absatz Dürselen, Karl (Solvabilitätsverordnung 2010), S. 405 und Deutsche Bundesbank (Eigenkapitalregelungen 2006), S. 83.

339 Vgl. Aberer, Bartle (SolvV 2007), S. 207.

onswert (*Risk Weighted Asset* (RWA)) ist das Produkt aus dem Positionswert und dem Risikogewicht.[340] Die Eigenmittelanforderungen resultierten schließlich aus der Multiplikation des RWA mit den bereits aus Grundsatz I bekannten 8 %. Die nachstehende Abbildung 7 illustriert diese Vorgehensweise, die nicht nur für Verbriefungen Geltung hat.[341]

Bemessungsgrundlage x Konversionsfaktor
= Positionswert

Positionswert x Risikogewicht
= Risikogewichteter Positionswert (RWA)

RWA x 8 %
= Eigenkapitalanforderung

Abb. 7: Grundsätzliche Bestimmung des RWA und der aufsichtlichen Kapitalanforderung[342]

§ 238 SolvV spezifiziert die Bestimmung der KSA-Bemessungsgrundlage hinsichtlich einer KSA-Verbriefungsposition. Die Regelungen differieren nicht wesentlich von dem im Falle nicht verbriefter Positionen gültigen Verfahren nach § 49 SolvV.[343] Bei außerbilanziellen Verbriefungspositionen kann unter Umständen der KSA-Positionswert in eine reduzierte Form überführt werden. Dann beträgt der für Verbriefungspositionen zu verwendete Konversionsfaktor nicht 100 %, sondern variiert in Abhängigkeit *qualifizierter Liquiditätsfazilitäten*[344] und vom Originator zu berücksichtigende Investorenanteile aus eigenen Verbriefungs-

340 Speziell bei Verbriefungen wird mit Hilfe des Risikogewichts der Positionswert risikoadjustiert, so dass sich als Grundlage für die Kapitalanforderung aus einer Verbriefungsposition ein an das jeweilige Risiko angepasster Positionswert ergibt (vgl. hierzu Dorendorf, Bettina; Wessendorf, Anne (Wertpapiere 2010), S. 893).

341 Vgl. zu diesem Absatz Hofmann, Katja (Verbriefungen 2009), S. 1732, Rn. 1-2 und Dorendorf, Bettina; Wessendorf, Anne (Wertpapiere 2010), S. 892-893.

342 Modifiziert entnommen aus Hofmann, Katja (Verbriefungen 2009), S. 1732, Rn. 2.

343 Vgl. Aberer, Bartle (SolvV 2007), S. 194 und Gerth, Volker (Verbriefungen 2008), S. 2143, Rn. 2. Bspw. könnte sich die Bemessungsgrundlage bei bilanziellem Verbriefungspositionen als Buchwert abzüglich bereits gebildeter Einzelwertberichtigungen ergeben (vgl. § 49 Abs. 2 Nr. 1a SolvV).

344 Die SolvV unterscheidet zwischen *qualifizierten* und *nicht qualifizierten* Liquiditätsfazilitäten. Eine Liquiditätslinie gilt danach als *qualifiziert*, wenn sie letztlich als reine Überbrückungsfunktion bei auftretenden Marktstörungen fungiert und nur den jeweils ausstehenden Portfolioteil mit einwandfreier Bonität abdeckt (vgl. § 230 Abs. 2 SolvV).

transaktionen (§ 247 SolvV) zwischen 0 % und 100 %.[345] Die nachfolgende Abbildung 8 gibt die verschiedenen KSA-Konversionsfaktoren für KSA-Verbriefungspositionen wieder.

Arten von Verbriefungspositionen	Konversionsfaktor
Nicht in Anspruch genommener Teil einer qualifizierten Liquiditätsfazilität, die nur für Marktstörungen in Anspruch genommen werden	0 %
Nicht in Anspruch genommener Teil einer qualifizierten Liquiditätsfazilität, die jederzeit fristlos und bedingungslos kündbar ist	0 %
Nicht in Anspruch genommener Teil einer qualifizierten Liquiditätsfazilität ohne externes Rating, deren Ursprungslaufzeit ein Jahr nicht übersteigt	20 %
Nicht in Anspruch genommener Teil einer qualifizierten Liquiditätsfazilität ohne externes Rating, deren Ursprungslaufzeit ein Jahr übersteigt	50 %
Alle anderen KSA-Verbriefungspositionen	100 %

Abb. 8: Konversionsfaktor für KSA-Verbriefungspositionen[346]

Liquiditätslinien dienen üblicherweise ABCP-Emittenten zur Überbrückung des Finanzierungsbedarfs bei Marktstörungen oder zur Tilgung fälliger begebener ABCP.[347] Doch eine Marktstörungsfazilität wird nur dann als qualifiziert anerkannt, sofern sie nur für den Fall in Anspruch genommen werden kann, dass es einem ABCP-Emittenten aufgrund einer marktspezifischen Ursache nicht möglich ist den notwendigen Finanzierungsbedarf durch Anschlussbegebungen zu decken. Angesichts jüngster Erkenntnisse aus der Finanzmarktkrise ist die Methode zur Feststellung einer vorliegenden Marktstörung und der damit verbundenen Einstufung als qualifizierten Liquiditätsfazilität sehr in die Diskussion geraten.[348]

---

345 Bei extern gerateten Positionen ist in aller Regel ein Konversionsfaktor von 100 % anzusetzen, da Ratingagenturen bei der Erstellung der Bonitätsbeurteilungen Ziehungswahrscheinlichkeiten mit modellieren dürfen (vgl. Aberer, Bartle (SolvV 2007), S. 195).

346 Eigene Darstellung in Anlehnung an § 239 Abs. 2 SolvV.

347 Vgl. diesbezüglich Abschnitt 2.2.2.4, welcher sich explizit mit ABCP auseinandersetzt.

348 Vgl. zu diesem Absatz Hofmann, Katja (Verbriefungen 2009), S. 1733-1737, Rn. 10-15. Änderungen bankenaufsichtlicher Regelungen hinsichtlich ABCP und Liquiditätsfazilitäten werden in Kapitel 6 kritisch beurteilt.

5.2.3.2.2. KSA-Risikogewichtsermittlung mit Hilfe externer Ratings

Für die Bestimmung der Risikogewichte für Verbriefungspositionen im Kreditrisiko-Standardansatz sind externe Ratings maßgebend.[349] Nicht geratete (sog. *unbeurteilte*) Verbriefungspositionen erhalten grds. ein Risikogewicht von 1250 %; sie unterliegen demnach dem *Kapitalabzug*.[350] Hingegen existieren für bestimmte Verbriefungspositionen Sonderregelungen, welche im folgenden Abschnitt 5.2.3.2.3 aufgezeigt sind. Sind diese Ausnahmeregelungen nicht anwendbar, muss die Position vollständig vom regulatorischen Eigenkapital abgezogen werden.[351] Bezüglich der endgültigen Bewertung einer KSA-Verbriefungsposition ist eine hierarchische Vorgehensweise durch den Gesetzgeber vorgeschrieben, welche nachfolgende Abbildung 9 überblicksartig darstellt und im Weiteren detailliert erläutert wird.

---

[349] Vgl. Backhaus, Karsten (Solvabilitätsverordnung 2007), S. 6. Abschnitt 5.2.1.3 befasst sich in diesem Zusammenhang mit den aufsichtsrechtlichen Anforderungen an die Verwendung von externen Bonitätsbeurteilungen für Verbriefungen.

[350] Vgl. § 243 Abs. 1 SolvV.

[351] Vgl. Kottmann, Alexander; Lotz, Ulrich; Müller, Birgit (Securitisation 2005), S. 302.

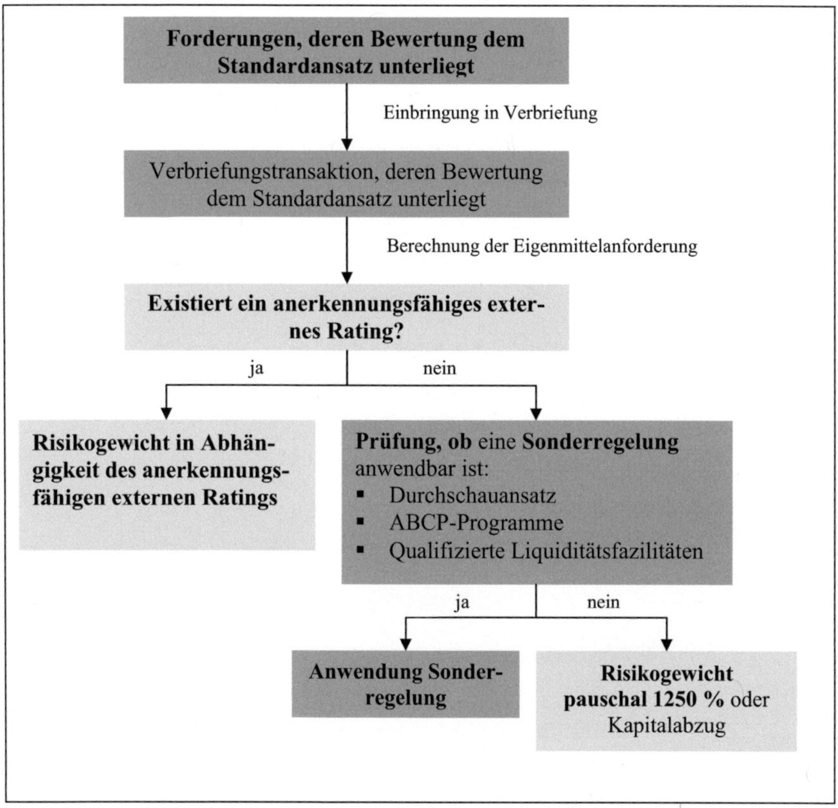

Abb. 9: Bewertungshierarchie unter dem Kreditrisiko-Standardansatz[352]

Liegt eine verwendungsfähige und maßgebliche Bonitätsbeurteilung für eine KSA-Verbriefungsposition vor, ermittelt sich das KSA-Verbriefungsgewicht nach § 242 SolvV in Abhängigkeit der extern zugewiesenen Bonitätsstufe.[353] Ist die vorliegende Bonitätsbeurteilung eine langfristige bzw. kurzfristige, ergibt sich das KSA-Verbriefungsrisikogewicht nach Tabelle 11 bzw. Tabelle 10 der Anlage 1 in der SolvV. Aus den Werten der beiden Tabellen wird deutlich, dass die Risikogewichte mit steigendem Risikogehalt exponentiell steigen, sodass im Vergleich zu den Regelungen des Grundsatzes I schlechtere Risiken mit deutlich mehr regulatorischen Eigenkapital zu hinterlegen sind, während gute Risiken regulatorisch

[352] Modifiziert entnommen aus Dorendorf, Bettina; Wessendorf, Anne (Wertpapiere 2010), S. 894.
[353] Vgl. Hofmann, Katja (Verbriefungen 2009), S. 1738, Rn. 1 und Gerth, Volker (Verbriefungen 2008), S. 2154, Rn. 3.

entlastet werden.[354] Die BaFin muss nun gemäß § 54 SolvV die Bonitätsbeurteilungen der anerkannten Ratingagenturen den Risikogewichtungskategorien im KSA zuordnen.[355] Die zum Zeitpunkt der Erstellung dieses Werks aktuell geltende Zuordnung der Bonitätsbeurteilungsklassen diverser externer Ratingagenturen zu aufsichtlichen KSA-Bonitätsstufen für Verbriefungen enthalten die Anlagen 7 und 8 im Anhang dieser Studie.

Betrachtet man bzgl. der Verwendung der KSA-Risikogewichte die Umsetzung der Basel II-Verordnungen in die Bankenrichtlinie (Richtlinie 2006/48/EG) und SolvV, besteht im Hinblick auf die Pflicht zum Kapitalabzug für Originatoren ein wesentlicher Unterschied. Nach Basel II dürfen Investoren ein Risikogewicht von 350 % für Verbriefungspositionen mit einer BB-Beurteilung (BB+ biss BB-) oder darunter verwenden.[356] Originatoren dagegen müssen diese Verbriefungspositionen bereits vom Eigenkapital abziehen.[357] In diesem Punkt ist die europäische und deutsche Gesetzgebung weniger konservativ, weil lediglich ein 350 %-iges Risikogewicht zur Anwendung kommt.[358]

5.2.3.2.3. Ausnahmen von der Kapitalabzugsregel für nicht geratete Verbriefungspositionen

Abweichend von § 243 Abs. 1 SolvV können in bestimmten Fällen spezifische KSA-Verbriefungsrisikogewichte auch für unbeurteilte KSA-Verbriefungspositionen hergeleitet werden.[359] Die dafür zur Verfügung stehenden Methoden, welche im Folgenden erläutert werden, sind:

---

354 Dieser exponentielle Anstieg lässt sich dadurch begründen, dass Verbriefungstranchen der schlechteren Ratingkategorie eine erhöhte Konzentration des unerwarteten Ausfallrisikos aufweisen. Vgl. hierzu Backhaus, Karsten (Solvabilitätsverordnung 2007), S. 6.

355 Dieser Vorgang wird auch *Mapping* genannt. Vgl. Dürselen, Karl (Solvabilitätsverordnung 2010), S. 398.

356 Vgl. Baseler Ausschuss für Bankenaufsicht (Eigenkapitalanforderungen 2006), S. 144, Abs. 569. Ab einer Bonitätsstufe von BBB und höher zählen die Ratings zur übergeordneten Kategorie *Investment Grade*, wobei darunter liegende Noten der Kategorie *Speculative Grade* zugeordnet werden. Diese Unterscheidung wurde von den Aufsichtsbehörden geprägt. Vgl. hierzu ausführlich Wieben, Hans-Jürgen (Risikomanagement 2004), S. 135-136.

357 Vgl. Baseler Ausschuss für Bankenaufsicht (Eigenkapitalanforderungen 2006), S. 144, Abs. 570. Ziel des Baseler Ausschusses ist es, dass Originatoren einen Anreiz zur tatsächlichen Risikotransferierung erhalten, insbesondere die Erst- und Zweitverlustpositionen (vgl. Hofmann, Katja (Verbriefungen 2009), S. 1738-1739, Rn. 2).

358 Vgl. Dorendorf, Bettina; Wessendorf, Anne (Wertpapiere 2010), S. 895.

359 Vor allem im ABCP-Geschäftsfeld sind unbeurteilte Verbriefungspositionen von großer Bedeutung. In weiten Teilen würde eine pauschale Zuordnung des Risikogewichts von 1250 % eine signifikante Risikoüberzeichnung und nicht adäquate Eigenkapitalanforderung ergeben. Vgl. Gerth, Volker (Verbriefungen 2008), S. 2157, Rn. 2.

- Durchschau-Methode mit Risikokonzentrationsrate (§ 243 Abs. 2 SolvV);
- unbeurteilte Verbriefungspositionen aus ABCP-Programmen (§ 243 Abs. 3 SolvV) und
- qualifizierte Verbriefungs-Liquiditätsfazilitäten (§ 243 Abs. 4 SolvV).

Die Durchschau-Methode mit Risikokonzentrationsrate:

Hat ein Institut Zugang zu ausreichend Informationen hinsichtlich der Zusammensetzung des zu verbriefenden Forderungspools und der Transaktionsstruktur, kann es zur Bestimmung des KSA-Verbriefungsrisikogewichts und damit des risikogewichteten KSA-Positionswerts auch eine Durchschau vornehmen. Nach § 243 Abs. 2 Satz 1 SolvV darf für eine unbeurteilte KSA-Verbriefungsposition das Produkt aus dem *KSA-Durchschnittsrisikogewicht*[360] des verbrieften Pools (gemäß § 243 Abs. 2 Satz 2 SolvV) und der *Risikokonzentrationsrate*[361] (nach § 243 Abs. 2 Satz 3 SolvV) zugrunde gelegt werden. Falls das KSA-Risikogewicht einer Position in einer vorrangigen, beurteilten Tranche höher als das KSA-Risikogewicht nach Anwendung der Durchschau-Methode einer nachrangigen Position ist, muss das höhere Verbriefungsrisikogewicht verwendet werden (*Floor*).[362] Gleichwohl ist das ermittelte KSA-Risikogewicht bei 1250 % gedeckelt (*Cap*).[363] Anlage 9 im Anhang dieser Studie illustriert die Vorgehensweise anhand eines rechnerischen Beispiels. Die Methodik ist im Vergleich zu extern gerateten Positionen vor allem für die mittleren Tranchen extrem konservativ. Letztlich dient die Durchschau-Methode maximal zur Vermeidung von Kapitalabzug, nicht aber zur realistischen Darstellung der Risikosituation.[364]

Unbeurteilte Verbriefungspositionen aus ABCP-Programmen:

Für unbeurteilte Verbriefungspositionen aus ABCP-Programmen, bspw. nicht qualifizierte Liquiditätsfazilitäten, darf unter bestimmten Voraussetzungen anstatt eines Kapitalabzugs das höchste KSA-Risikogewicht angewendet werden, das für eine im verbrieften Portfolio enthaltene Adressenrisikoposition als KSA-Position anzuwenden wäre.[365] Diese Regelung fordert

---

360 Das *KSA-Durchschnittsrisikogewicht* ist das als Prozentsatz ausgedrückte Verhältnis der Summe der risikogewichteten KSA-Positionswerte zur Summe der KSA-Positionswerte für die Gesamtheit der im Portfolio enthaltenen Adressenrisikopositionen, wären diese Positionen des Instituts.

361 Die Risikokonzentrationsrate ist das Verhältnis der Summe der Nominalwerte aller Tranchen zur Summe der Nominalwerte aller gleich- und nachrangigen Tranchen, einschließlich der Tranche, in der die KSA-Verbriefungsposition gehalten wird.

362 Vgl. § 243 Abs. 2 Satz 4 SolvV.

363 Vgl. § 243 Abs. 2 Satz 5 SolvV.

364 Vgl. Aberer, Bartle (SolvV 2007), S. 196.

365 Es gilt allerdings ein Mindestrisikogewicht von 100 %. Vgl. § 243 Abs. 3 SolvV.

eine Kreditqualität der unbeurteilten KSA-Verbriefungsposition von mindestens Investment Grade, wobei die Position nicht Teil eines First Loss Piece sein darf. Weiterhin darf das Institut nicht gleichzeitig Halter eines Anteils an der Erstverlusttranche sein. § 243 Abs. 3 Satz 2 SolvV dient dabei der Legaldefinition einer Erstverlustposition. Jede Verbriefungstranche, auf die ein KSA-Verbriefungsrisikogewicht von 1250 % anzuwenden ist oder die im Abzugsbetrag für KSA-Verbriefungspositionen nach § 267 SolvV berücksichtigt wird, gilt demnach als Erstverlustposition.[366] Für nicht qualifizierte Liquiditätslinien mit einer Laufzeit unter einem Jahr bedeutet diese Regelung folglich ein mind. 100 % iger Anstieg der Eigenkapitalunterlegung gegenüber den Regelungen des Grundsatzes I.[367]

Qualifizierte Verbriefungs-Liquiditätsfazilitäten:
Die dritte Ausnahmeregelung zur Vermeidung des Kapitalabzugs betrifft die qualifizierten Liquiditätsfazilitäten gemäß § 230 SolvV.[368] Demgemäß darf das höchste KSA-Risikogewicht der einzelnen zugrunde liegenden Forderungen angesetzt werden, auf die sich die Fazilität bezieht. Im Gegensatz zur vorherigen Regelung besteht kein Mindestrisikogewicht.

5.2.3.3. Der auf interne Rating-Verfahren basierende Ansatz (IRBA) für Verbriefungen

5.2.3.3.1. Ermittlung der IRBA-Bemessungsgrundlage und des Positionswerts

Ist ein Institut zur Anwendung des IRB-Ansatzes für die der Verbriefungstransaktion zugrunde liegenden Forderungen zugelassen worden, muss es zur Berechnung der Eigenmittelanforderungen nach dem Prinzip der Akzessorietät zwingend den IRB-Ansatz anwenden.[369] Dabei folgt das Regelwerk für Verbriefungen im Wertansatz den allgemeinen Regelungen für IRBA-Adressenrisikopositionen gemäß den §§ 55 bis 153 SolvV.[370] So entspricht die Bemes-

---

366 Kritisch hinterfragt, bedeutet der Wortlaut der Definition, dass auch dann eine Erstverlustposition vorliegt, wenn die Verbriefungstranche aus technischen Gründen ein Risikogewicht von 1250 % erhält, aber dennoch nicht die ersten Verluste trägt. Ob diese Definition im Einklang mit dem Subordinationsprinzip (siehe Abschnitt 2.2.1.4), ist fragwürdig. Vgl. auch Hofmann, Katja (Verbriefungen 2009), S. 1741, Rn. 13.

367 Im Grundsatz I galten nicht qualifizierten Liquiditätsfazilitäten unter einem Jahr als Kreditzusagen, denen es keiner Eigenkapitalunterlegung bedurfte. Somit richtet sich nach der SolvV der Blick des Gesetzgebers auf die ABS, die über solche ABCP-Programme refinanziert werden.

368 Zu den Anforderungen an eine qualifizierte Liquiditätsfazilität nach SolvV siehe Ausführungen in Abschnitt 5.2.3.2.1.

369 Nach § 55 Abs. 1 Satz 2 SolvV bedarf die Nutzung des IRBA der Zulassung durch die BaFin nach den §§ 58 bis 70 SolvV.

370 Vgl. Gerth, Volker (Verbriefungen 2008), S. 2181, Rn. 1.

sungsgrundlage einer IRBA-Verbriefungsposition i. d. R. der IRBA-Bemessungsgrundlage nicht verbriefter IRBA-Positionen nach § 100 SolvV, als dem in Anspruch genommenen Betrag (vor Wertberichtigung).[371] IRBA-Konversionsfaktor und IRBA-Risikogewicht erfüllen die gleichen Funktionen wie im Kreditrisiko-Standardansatz. Die nachfolgende Abbildung 10 fasst diese für eine IRBA-Verbriefungsposition maßgeblichen Konversionsfaktoren nach § 252 Abs. 2 SolvV zusammen.

Arten von Verbriefungspositionen	Konversionsfaktor
Nicht in Anspruch genommener Teil einer qualifizierten Liquiditätsfazilität, die jederzeit fristlos und bedingungslos kündbar ist	0 %
Nicht in Anspruch genommener Teil einer qualifizierten Liquiditätsfazilität, die nur für Marktstörungen in Anspruch genommen werden	20 %
Nicht in Anspruch genommener Teil einer qualifizierten Liquiditätsfazilität ohne externes Rating, deren Ursprungslaufzeit ein Jahr nicht übersteigt, für die die Rückfalllösung nach § 260 SolvV in Anspruch genommen wird	50 %
Alle anderen IRBA-Verbriefungspositionen	100 %

Abb. 10: Konversionsfaktor für IRBA-Verbriefungspositionen[372]

Bei einer sich um einen vom Originator zu berücksichtigenden Investorenanteil aus Verbriefungstransaktionen handelnden IRBA-Verbriefungsposition, bestimmt sich der IRBA-Konversionsfaktor entsprechend § 247 SolvV.[373] Da es in der Praxis regelmäßig vorkommt, dass von einem Institut Verbriefungspositionen aufgebaut werden, welche sich hinsichtlich der übernommenen Adressrisiken überschneiden, muss eine Mehrfachbelegung mit Eigenmittelanforderungen vermieden werden.[374] Dieser Vorgang regelt § 253 Abs. 5 der SolvV, wonach bei sich überschneidenden IRBA-Verbriefungspositionen der risikogewichtete Positi-

---

371 Vgl. § 251 Abs. 1 SolvV. Dieser Ansatz der IRBA-Bemessungsgrundlage fordert, dass im Gegensatz zur KSA-Bemessungsgrundlage, welcher grds. dem Buchwert entspricht, anfangs Bruttogrößen herangezogen werden. Nach Ermittlung des risikogewichteten IRBA-Positionswerts finden gemäß § 253 Abs. 4 SolvV Wertberichtigungen aber wieder Berücksichtigung.

372 Eigene Darstellung in Anlehnung an § 252 Abs. 2 SolvV.

373 Vgl. § 252 Abs. 3 SolvV. Für KSA-Verbriefungspositionen mit der gleichen Eigenschaft bestimmt sich der entsprechende KSA-Konversionsfaktor analog (vgl. § 239 Abs. 3 SolvV).

374 Vor allem im Zusammenhang mit programmweiten und transaktionsspezifischen Kreditverbesserungen im Rahmen von ABCP-Programmen sind solche Verschachtelungen anzutreffen. Bspw. werden Liquiditätsfazilitäten und programmweite Unterstützungen häufig von einem Institut gestellt, bei denen die Liquiditätslinien bereits das gesamte Programmvolumen abdecken. Ein zusätzlicher Ausfall wird aufgrund der Unterstützungen aber nicht vermutet. Vgl. hierzu Hofmann, Katja (Verbriefungen 2009), S. 1761, Rn. 13.

onswert nur diejenige IRBA-Verbriefungsposition berücksichtigt, die den höchsten risikogewichteten IRBA-Positionswert aufweist.

5.2.3.3.2. Rating-Based-Approach (RBA)

Der signifikante Unterschied zwischen dem für nicht verbriefte Positionen geltenden KSA und dem IRB-Ansatz liegt darin, dass beim IRBA zur Schätzung relevanter Größen auf bankinterne Daten zurückgegriffen werden kann.[375] Zu diesen Risikoparametern zählen bspw. die Ausfallwahrscheinlichkeit (PD)[376], die Verlustquote bei Forderungsausfall (LGD)[377], die Höhe der ausstehenden Forderungen bei Ausfall (EAD)[378] oder die effektive Restlaufzeit der Forderung (*M*)[379]. Allerdings weicht die Forderungsklasse der Verbriefungen diese Systematik auf. Als einziger Bereich der SolvV ist für Verbriefungen bei vorhandenen externen (oder daraus *abgeleiteten*[380]) Bonitätsbeurteilungen auch auf diese als Basis für den IRB-Ansatz abzustellen (§ 257 SolvV). Daher erfolgt auch keine Differenzierung zwischen dem IRB-„Basisansatz" und dem „fortgeschrittenen" IRB-Ansatz für Verbriefungspositionen. Für ABCP-Programme und qualifizierte Liquiditätsfazilitäten existieren im IRB-Ansatz ebenfalls Sonderlösungen, welche in den nachfolgenden Abschnitten behandelt werden. Nach § 255 Abs. 1 SolvV stehen die dort erwähnten Verfahren zur Bestimmung des IRBA-Verbriefungsrisikogewichts in einer hierarchischen Rangordnung zueinander. Die nachfol-

---

375 Die Schätzung spezifischer Risikoparameter, die vom jeweiligen Schuldner sowie von dem zugrunde liegenden Kredit abhängen, übernimmt beim IRBA das Institut selbst. Vgl. auch Bieg, Hartmut; Krämer, Gregor; Waschbusch, Gerd (Bankenaufsicht 2009), S. 226.

376 Siehe auch Anmerkungen zum *Probability of Default* in Abschnitt 2.2.1.2 dieses Werks.

377 Die Verlustquote bei Ausfall der Forderung, auch als *Loss Given Default* bezeichnet, stellt die gewichtete durchschnittliche Verlustrate im Portfolio dar. Zur Ermittlung des LGD wird in der ex-ante Betrachtung der prognostizierte Verlust im Verzugsfall in Relation zum EAD (siehe nachfolgende Fußnote) gesetzt. Vgl. Steiner, Manfred; Miehle, Christian; Mader, Wolfgang (Mindestkapitalanforderungen 2005), S. 476.

378 Das erwartete Exposure bei Ausfall (*Exposure at Default*) repräsentiert die vermutlich ausstehende Höhe des Kredites zum Ausfallzeitpunkt. Vgl. auch Hofmann, Bernd (Eigenmittelanforderungen 2007), S. 100.

379 Die maßgebliche Restlaufzeit des Kreditengagements trägt auch die Bezeichnung *Maturity*.

380 Das Verfahren einer Ableitung einer Bonitätsbeurteilung beschreibt § 256 SolvV, wonach ein Institut für eine unbeurteilte IRBA-Verbriefungsposition, die Anteil an einer Verbriefungstranche hat, die für eine Referenz-Verbriefungsposition vorliegende maßgebliche Bonitätsbeurteilung als *abgeleitete Bonitätsbeurteilung* zu verwenden. Operationelle Anforderungen für abgeleitete Ratingurteile sind folgende: Die Referenz-Verbriefungsposition ist nachrangig zur ungerateten Tranche und hat mindestens die gleiche Laufzeit wie die ungeratete Tranche. Das abgeleitete Rating muss kontinuierlich aktualisiert werden und das externe Rating muss aufsichtsrechtlich anerkannt sein. Bei Vorliegen mehrerer für die Referenz-Verbriefungsposition relevanter externer Ratings, gilt die Bonitätsbeurteilung mit der aufsichtlich niedrigsten Bonitätsstufe als maßgebend (vgl. § 256 Abs. 1 SolvV und Kottmann, Alexander; Lotz, Ulrich; Müller, Birgit (Securitisation 2005), S. 308-309).

gende Abbildung 11 stellt diese unter dem IRB-Ansatz durchzuführende Bewertungshierarchie dar. Die Bewertungsansätze werden anschließend im Detail erläutert.[381]

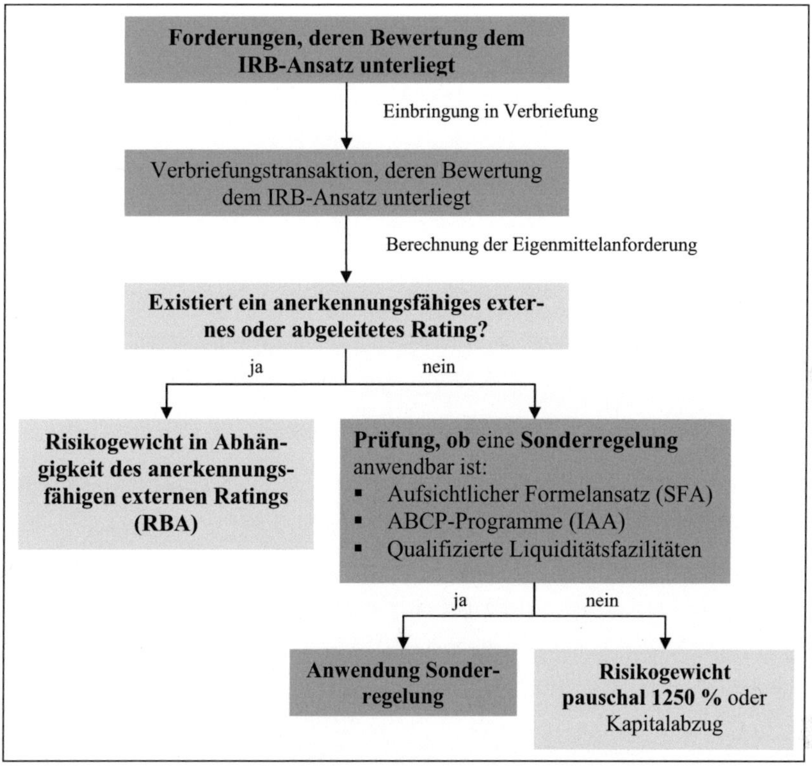

Abb. 11: Bewertungshierarchie unter dem IRB-Ansatz[382]

Liegt für eine IRBA-Verbriefungsposition eine externe Bonitätsbeurteilung einer nach der SolvV anerkannten Ratingagentur oder ein abgeleitetes Rating nach § 256 SolvV vor, muss der sog. *ratingbasierte Ansatz* (Rating-Based-Approach (RBA)) angewendet werden.[383] Zur Ermittlung der IRBA-Verbriefungsposition nach dem RBA ergibt sich das anzuwendende IRBA-Risikogewicht im Gegensatz zum KSA nicht alleinig in Abhängigkeit der Ratingnote,

---

381 Vgl. zu diesem Absatz Aberer, Bartle (SolvV 2007), S. 196 und Backhaus, Karsten (Solvabilitätsverordnung 2007), S. 6.
382 Modifiziert entnommen aus Dorendorf, Bettina; Wessendorf, Anne (Wertpapiere 2010), S. 898.
383 Vgl. § 257 Abs. 1 SolvV.

sondern schließt noch zwei weitere Faktoren mit ein: die *Granularität* und die *Seniorität*. Der *Granularitätsfaktor* bzw. *-koeffizient* bewertet die Diversifikation des Asset Pools anhand der *effektiven Forderungsanzahl N*.[384] Mittels der Seniorität werden die emittierten Verbriefungstranchen in Tranchen unterschiedlicher Risikoprofile strukturiert, wobei nachrangige Verbriefungstranchen den vorrangigen Tranchen als Sicherheit dienen. Nach § 257 Abs. 4 SolvV gilt eine Verbriefungstranche als höchstrangig, wenn ihr im Verlustwasserfall keinerlei Zahlungsansprüche vorausgehen außer Forderungen aus laufenden Zahlungen für Marktwertabsicherungsgeschäfte und Kosten.[385] Gemäß § 257 Abs. 3 SolvV gilt jede IRBA-Verbriefungsposition, auf die der RBA anzuwenden ist, als

- „nicht-granular", falls $N < 6$;
- „granular und höchstrangig", falls $N \geq 6$ und die Verbriefungstransaktion, welche die IRBA-Position enthält Anteil an einer höchstrangigen Verbriefungstranche hat;
- „granular und nicht-höchstrangig", falls $N \geq 6$ und die Verbriefungstransaktion, welche die IRBA-Position enthält keinen Anteil an einer höchstrangigen Verbriefungstranche.[386]

Insbesondere im Falle einer erneuten Verbriefung von Verbriefungspositionen – also bei einer Resecuritization – wird die Grenze von $N = 6$ bedeutsam, da nun auf die Anzahl der Verbriefungspositionen und nicht auf die originär verbrieften Einzelforderungen abgestellt wird.[387] Auch im Zusammenhang mit CMBS (vgl. ausführlich Abschnitt 2.2.2.1) wird die Bestimmung von *N* diskutiert. Von Seiten der Industrie wurde dem Fachgremium ABS vorgeschlagen, zur Bestimmung von *N* auf die Konzentrationsraten der wirtschaftlichen Risikoträger

---

384 Mit Hilfe der Kennzahl *N*, welche die Anzahl der effektiven Adressenrisikopositionen eines verbrieften Portfolios wiedergibt, lässt sich bestimmen, ob ein zugrunde liegender Pool als *granular* einzustufen ist oder nicht. Es gibt zwei Alternativen zur Berechnung von *N* (siehe auch Anlage 2 Formeln 10 und 11 der SolvV), wobei *N* einerseits mit Hilfe des *Herfindhahl*-Indexes wie folgt errechnet werden kann: $N = \frac{(\sum_i Positionswerte_i)^2}{\sum_i Positionswerte_i^2}$. Die alternative Methode wird wie folgt dargestellt: $N = \frac{1}{C_1}$. C_1 bezeichnet dabei den Anteil der Bemessungsgrundlage der im verbrieften Portfolio enthaltenen Adressenrisikoposition mit der größten Bemessungsgrundlage an der Summe der Bemessungsgrundlagen sämtlicher im verbrieften Portfolio enthaltener Adressenrisikopositionen.

385 Eine höchstrangige Tranche wird auch als *Senior*-Tranche bezeichnet. Vgl. hierzu Aberer, Bartle (SolvV 2007), S. 200 und Hofmann, Gerhard; Morck, Thomas; Reichardt-Petry, Karin (Verbriefungen 2007), S. 247. Dieses Risikoprofil der höchstrangigen Verbriefungstranche trifft in der Praxis aber fast ausschließlich auf die *Super Senior*-Positionen bei synthetischen sowie auf die A-Klassen bei True-Sale Transaktionen zu. Ansprüche gegenüber Beteiligten aus bspw. Swapverträgen bleiben hierbei allerdings unberücksichtigt.

386 Vgl. zu diesem Absatz Backhaus, Karsten (Solvabilitätsverordnung 2007), S. 6 und Mader, Wolfgang; Miehle, Christian (Basel II 2006), S. 233.

387 Vgl. Steiner, Manfred; Miehle, Christian; Mader, Wolfgang (Mindestkapitalanforderungen 2005), S. 476.

(Immobilienobjekte, Mieter) abzustellen.[388] Die IRBA-Verbriefungsrisikogewichte ergeben sich im Falle einer langfristigen Bonitätsbeurteilung aus Tabelle 18 der Anlage 1 SolvV und im Falle einer kurzfristigen Bonitätsbeurteilung aus Tabelle 19 der Anlage 1 SolvV. Die nach § 54 SolvV geforderte Zuordnung der Bonitätsbeurteilungsklassen diverser externer Ratingagenturen zu aufsichtlichen IRBA-Bonitätsstufen für Verbriefungen illustrieren die Anlagen 10 und 11 im Anhang dieses Werks.[389] Abweichend von der Baseler Rahmenvereinbarung wurde durch Ausübung des Wahlrechts ein 6 %-iges Verbriefungsrisikogewicht für sog. *Super-Senior*-Tranchen in der Bankenrichtlinie eingeführt. Dieses Wahlrecht wurde mit § 257 Abs. 5 SolvV, der die Anforderungen an diesen privilegierten Tranchentyp enthält, in Deutschland umgesetzt.[390] Vor dem Hintergrund der Finanzmarktkrise im Jahr 2007 hat die EU-Kommission in den Entwurf der CRD-Änderungsrichtlinie[391] vom 6. Mai 2009 allerdings die Gleichbehandlung für solche Verbriefungstranchen im europäischen und internationalen Raum aufgenommen: Statt der bisherigen nur sechsprozentigen Risikogewichtung werden diese Tranchen künftig wie *Senior*-Tranchen behandelt, also mit 7 % gewichtet.[392]

5.2.3.3.3. Supervisory-Formula-Approach (SFA)

Nach § 258 Abs. 1 Satz 1 SolvV darf ein Institut den Supervisory-Formula-Approach (SFA) auf jede IRBA-Verbriefungsposition anwenden,

- die keine IRBA-Verbriefungsposition ist, auf die der RBA anzuwenden ist,
- deren verbrieftes Portfolio ausschließlich solche Adressenrisikopositionen enthält, die als Adressenrisikopositionen des Instituts IRBA-Positionen oder solche KSA-Positionen wären, die nach der Entscheidung des Instituts übergangsweise nach § 70 SolvV ohne zeitliche Beschränkung von der Anwendung des IRBA ausgenommen sind.

---

388 Gerade bei CMBS werden häufig wenige Darlehen an Objektgesellschaften vergeben, denen dann jeweils ein oder mehrere Objekte zugeordnet sind. Nach § 257 SolvV stellen die Objektgesellschaften die Adressenrisikopositionen dar (d.h. $N < 6$). So wird gefordert bei der Bestimmung von N auf die eigentlichen wirtschaftlichen Risikoträger (Objekte, Mieter) abzustellen. Vgl. Arbeitskreis „Bankenaufsicht" (Protokoll 2007), S. 7 und Hofmann, Katja (Verbriefungen 2009), S. 1770, Rn. 25.

389 Zum Zeitpunkt der Erstellung dieser Studie datierte die aktuellste Liste der für die bankaufsichtliche Risikogewichtung anerkannten Ratingagenturen samt Mapping vom 14.08.2009.

390 Vgl. Hofmann, Katja (Verbriefungen 2009), S. 1771, Rn. 28-29.

391 Der Terminus „CRD-Änderungsrichtlinie" gilt als "Arbeitstitel" für Änderungen der Bankenrichtlinie sowie der Kapitaladäquanzrichtlinie. Das Europäische Parlament hat die Richtlinie am 6. Mai 2009, der Rat am 27. Juli 2009 verabschiedet. Die Veröffentlichung erfolgte am 17.11.2009 als Richtlinie 2009/111/EG. Vgl. hierzu Deutsche Bundesbank (EU-Bankenrichtlinie 2009), S. 68 und Richtlinie 2009/111/EG des Europäischen Parlaments und des Rates vom 16. September 2009.

392 Vgl. Schulte-Mattler, Hermann; Dürselen, Karl (Weiterentwicklung 2009), S. 57. Zu den bankenaufsichtsrechtlichen Änderungsvorhaben siehe auch die Kapitel 6 und 7 dieses Werks.

Der *aufsichtliche Formel-Ansatz* gilt als IRB-Synonym für die Durchschau-Methode mit Risikokonzentrationsrate nach § 243 Abs. 2 SolvV.[393] Kernelement dieses Ansatzes ist eine durch die Bankenaufsicht eindeutig definierte, komplexe Formel zur Berechnung der Höhe des Risikogewichts für obige nicht geratete IRBA-Verbriefungspositionen. Die IRBA-Verbriefungsrisikogewichte werden mittels folgender mathematischen Funktion (vgl. Formel 13 Anlage 2 SolvV) in Abhängigkeit von den wichtigsten Risikoparametern einer Verbriefungstranche bzw. der zu verbriefenden Forderungen berechnet:[394]

$$RWA_{SFA} = 12{,}5 \times \frac{S[L+T]-S[L]}{T}$$

Die Definition des Wertes $S[x]$ der aufsichtlichen Formel Funktion S für einen Wert x findet sich ebenfalls in Formel 13 Anlage 2 der SolvV. Die Formel gilt mit einem Mindestrisikogewicht von 7 % und einen Maximalgewicht von 1250 %.[395]

Indes gehen in die aufsichtliche Formel folgende fünf deskriptive Inputparameter ein[396]:

- die *Dicke T* der Verbriefungstranche:

  Die Dicke oder das Volumen der Tranche, an der die nach der aufsichtlichen Formel zu berücksichtigende IRBA-Verbriefungsposition einen Anteil hat, ist das als Dezimalzahl ausgedrückte Verhältnis aus der Bemessungsgrundlage der Tranche zum Portfoliovolumen;

- der *Verlustpuffer L* für die Verbriefungstranche:

  Der auch als Credit-Enhancement-Level bezeichnete Verlustpuffer quantifiziert die zur Verfügung stehende strukturelle Besicherung der Tranche durch die ihr im Rang nachgeordneten Tranchen.

- die *Eigenkapitalanforderungsrate Kirbr*:

  Sie ist das als Dezimalzahl ausgedrückte Verhältnis aus der *Eigenmittelanforderung Kirb* nach Anlage 2 Formel 13 Nr. 4 und der Summe der Bemessungsgrundlagen der im ver-

---

393 Vgl. Aberer, Bartle (SolvV 2007), S. 203. Einzelheiten zur Durchschau-Methode finden sich im vorangegangenen Abschnitt 5.2.3.2.3. Die Analogie beruht auf den gemäß § 258 Abs. 1 Satz 3 SolvV für ein Institut geforderten Zugang zu ausreichend aktuellen Informationen über die Zusammensetzung des der Verbriefungstransaktion zugrunde liegenden verbrieften Portfolios.

394 Vgl. Steiner, Manfred; Miehle, Christian; Mader, Wolfgang (Mindestkapitalanforderungen 2005), S. 476.

395 Vgl. § 258 Abs. 2 SolvV.

396 Vgl. außerdem zu den Parametern Hofmann, Gerhard; Morck, Thomas; Reichardt-Petry, Karin (Verbriefungen 2007), S. 250-251; Gerth, Volker (Verbriefungen 2008), S. 2208-2212, Rn. 15-41; Hofmann, Katja (Verbriefungen 2009), S. 1773-1775, Rn. 42-56 und PricewaterhouseCoopers (Verbriefung 2009), S. 3.

brieften Portfolio dieser Transaktion enthaltenen Forderungen. Die *Kirbr* dient als Zielgröße für die Gesamtunterlegung der Transaktion unter Annahme der Nichtverbriefung.[397]

- die effektive Anzahl der Forderungen *N* (siehe Ausführungen in Abschnitt 5.2.3.3.2) und
- die volumengewichtete Verlustquote bei Ausfall *ELGD*:

  Sie wird vorbehaltlich § 258 Abs. 3 Nr. 1 SolvV bestimmt durch die mathematische Funktion ELDG = $\frac{\sum_i LGD_i \times EAD_i}{\sum_i EAD_i}$.[398]

Nach § 258 Abs. 1 Satz 2 SolvV darf grds. der SFA von einem Originator und Sponsor einer IRBA-Verbriefungstransaktion angewendet werden. Fungiert ein Institut als Investor, darf der SFA auf eine IRBA-Verbriefungsposition angewendet werden, sofern die BaFin der Verwendung nicht widersprochen hat.[399] Angesichts der Komplexität der aufsichtlichen Formel wird eine Bank abzuwägen haben, ob die erforderliche Beschaffung und laufende Überwachung der benötigten Inputparameter sinnvoller erscheint als ein vornerein voller Kapitalabzug für unbeurteilte Verbriefungspositionen vorzunehmen. Ebenso ist es unwahrscheinlich, dass das als Originator fungierende Institut diese Datensammlung an einen Investor zur Verfügung stellt. So wird folglich der Investor auch seine Verbriefungsposition eher bei der Ermittlung des modifiziert verfügbaren Eigenkapitals nach § 10 Abs. 1d KWG zum Abzug bringen.

5.2.3.3.4. Internal-Assessment-Approach (IAA)

Die Anwendung des internen Einstufungsverfahrens nach § 259 SolvV (Internal-Assessment-Approach (IAA)) beschränkt sich auf unbeurteilte IRBA-Verbriefungspositionen, die i. R. von ABCP-Programmen gestellt werden und zum Zeitpunkt ihrer erstmaligen Erfassung, eine Bonitätsbeurteilung nach dem IAA zugewiesen bekommen, die einer Ratingkategorie einer benannten Ratingagentur zugeordnet sind, die aufsichtlich eine mind. im Investment Grade

---

397 Es wird angenommen, dass die Forderungen in der Bilanz des Originators verbleiben. Dafür bestehen zwei Möglichkeiten. Entweder besitzt ein Institut ein internes Rating für (beinahe) jede einzelne verbriefte Forderung oder es hat ein von der BaFin abgenommenes Ratingtool für angekaufte Forderungen und ist in der Lage regelmäßig notwendige Informationen zur Ermittlung des Risikogewichts zu beziehen.

398 LGD_i bezeichnet dabei die durchschnittlich prognostizierte Verlustquote bei Ausfall nach § 92 SolvV, die für die Gesamtheit der im verbrieften Portfolio enthaltenen Forderungen, deren Erfüllung von Schuldner i geschuldet wird, bestimmt wird. EAD_i bezeichnet die Summe der Positionswerte der Forderungen, deren Erfüllung von Schuldner i geschuldet wird.

399 Aus Praktikabilitätsgründen wurde die nach der Bankenrichtlinie erforderliche Zustimmung von der BaFin durch eine Erlaubnis mit Widerrufsvorbehalt ersetzt (vgl. Gerth, Volker (Verbriefungen 2008), S. 2206, Rn. 5).

Bereich liegende Kategorie aufweisen.[400] Zusätzlich zu den ohnehin bestehenden Anforderungen an ABCP-Programme seitens der Bankenaufsicht, müssen diese um für das IAA geeignet zu sein, einen weiteren Anforderungskatalog gemäß § 259 Abs. 4 SolvV erfüllen.[401] Weiterhin bestehen folgende Mindestanforderungen an die Institute für die Verwendung interner Einstufungsverfahren nach:

- Widerspiegeln zumindest eines öffentlich verfügbaren Ratingverfahrens (§ 259 Abs. 3 Nr. 1 SolvV);
- quantitative Elemente, insbesondere *Stressfaktoren*[402], zur Modellierung eines internen Einstufungsverfahrens dürfen nicht weniger konservativ sein als die zugehörige Ratingagentur-Methodik (§ 259 Abs. 3 Nr. 2 SolvV);
- Berücksichtigung externer Methodenverfahren von anerkannten Ratingagenturen, von denen eine Bonitätsbeurteilung für die i. R. des ABCP-Programms emittierten Geldmarktpapiere vorliegt. Art und Weise der Berücksichtigung sowie etwaige Gründe einer Nichtberücksichtigung sind zu dokumentieren und regelmäßig zu überprüfen (§ 259 Abs. 3 Nr. 3 SolvV);
- Aufweisen einer hinreichenden Granularität an Risikoabstufungen, wobei die Anzahl an Risikoabstufungen eine eindeutige Zuweisung von internen Einstufungen zu den externen Bonitätsstufen ermöglicht (§ 259 Abs. 3 Nr. 4 SolvV);
- institutsinterne Einbindung von internen Einstufungsverfahren als wesentliches Element der Risikostreuung (§ 259 Abs. 3 Nr. 5 SolvV);

---

400 Auf forderungsgedeckte Geldmarktpapiere darf explizit der IAA nicht angewendet werden (vgl. § 259 Abs. 1 Satz 1 SolvV). Die bankenaufsichtsrechtliche Auslegung eines ABCP-Programms beinhaltet § 229 Abs. 2 Satz 2 SolvV. So definiert der Gesetzgeber ein ABCP-Programm als forderungsgedecktes Programm mit revolvierender Emission von überwiegend kurzläufigen Geldmarktpapieren mit einer Ursprungslaufzeit von längstens einem Jahr.

401 Die Kriterien zielen hauptsächlich darauf ab, bestimmte Mindestanforderungen an die Verwaltung der ABCP-Programme sowie Mindestvoraussetzungen an die i. R. des Programms verbrieften Forderungen sicherzustellen (vgl. Dorendorf, Bettina; Wessendorf, Anne (Wertpapiere 2010), S. 901). Die weitere Aufschlüsselung des 8-Punkte umfassenden Kriterienkatalogs wäre i. R. dieser Studie zu weitreichend.

402 *Stressfaktoren* dienen der Ermittlung des für eine bestimmte Ratingstufe notwendigen Niveaus an Credit-Enhancements für relevante Risikofaktoren (vgl. Gerth, Volker (Verbriefungen 2008), S. 2221, Rn. 20). Mit Hilfe sog. *Stresstests* werden extreme Ausnahmen von normalen Marktentwicklungen, bspw. angenommene Verluste von einem B-Rating bis zu einem AAA-Rating, dargestellt um zu überprüfen wie etwa die Eigenmittel in dieser extremen Situation reagieren. „Stress" bedeutet im diesem Zusammenhang das Ausmaß der Verluste im unterliegenden Portfolio. Vgl. hierzu Bund, Stefan; Morlok, Markus (True-Sale-Verbriefungen 2005), S. 972 und Maeting, Susanne (Stresstests 2006), S. 8. I. R. der aufsichtsrechtlichen Überprüfungsverfahren wird die Thematik nochmals aufgegriffen (vgl. Abschnitt 5.3).

- Existenz eines adäquaten Kontrollsystems zur Einhaltung operativer Anforderungen an interne Einstufungsverfahren, einschließlich derer Dokumentation und regelmäßigen Überprüfung (§ 259 Abs. 3 Nr. 6 SolvV) und
- regelmäßiger Abgleich zugrunde gelegter Annahmen und interner Einstufungen der IRBA-Verbriefungspositionen mit der Bonitätsentwicklung des verbrieften Portfolios (§ 259 Abs. 3 Nr. 7 SolvV).

Erfüllt die entwickelte IAA-Ratingmethodik eines Instituts obige Mindestanforderungen an die Verwendung interner Einstufungsverfahren und erhält die Bank hierfür die antragsgebundene erforderliche Zulassung nach § 259 Abs. 2 Satz 1 Nr. 1 SolvV durch die BaFin, darf das Institut ein spezifisches internes Einstufungsverfahren anwenden.[403] Die Berechnung der Eigenmittelanforderung erfolgt schließlich, indem das Institut die internen Schätzungen auf externe Bonitätskategorien anerkannter Ratingagenturen überträgt (Mapping) und analog zum RBA die Positionen entsprechend dem externen Rating risikogewichtet.[404]

5.2.3.4. Gegenüberstellung von KSA und IRBA

Der Kreditrisiko-Standardansatz gilt als einfachster Ansatz in der zur Verfügung stehenden Palette an Ansätzen und bildet hier eine Weiterentwicklung des früheren Grundsatzes I.[405] Er gibt für die einzelnen Schuldner eines Instituts feste, wenn auch stärker differenzierende Risikogewichte vor, die vom externen Rating des Schuldners abhängen. Dieser Ansatz ermöglicht somit nur eine sehr pauschale Messung des Adressenrisikos, sodass die Risikosensitivität des KSA sehr gering ist. Auch der Ausschluss interner Ratings führt dazu, dass Institute selbst keine Risikofaktoren zu schätzen brauchen, weshalb die Anforderungen an den KSA im Vergleich zum IRBA geringer sind.[406]

Der IRB-Ansatz weist eine feinere Aufteilung der Ratingklassen auf und sieht spezielle Risikogewichte für sog. höchstrangige Tranchen und nicht granulare Transaktionen vor. Die Anforderungen an diesen Ansatz sind sowohl seitens der Bankenaufsicht als auch aus Sicht der

403 Im Gegensatz zu den IRBA-Verfahren für andere Forderungsklassen handelt es sich bei dem IAA nicht um ein explizites internes Ratingverfahren. Denn die Basis des IAA stellen externe Ratingmethoden dar.

404 Vgl. Hofmann, Gerhard; Morck, Thomas; Reichardt-Petry, Karin (Verbriefungen 2007), S. 252 und Hofmann, Katja (Verbriefungen 2009), S. 1781-1782, Rn. 1.

405 Vgl. Weiß, Stefan (Kreditrisiko-Standardansatz 2007), S. 81-82.

406 Vgl. zu diesem Absatz Bieg, Hartmut; Krämer, Gregor; Waschbusch, Gerd (Transformation 2007), S. 432.

Methodik bankinterner Systeme höher als dies beim KSA der Fall ist.[407] Dadurch verursacht der IRBA allerdings auch höhere Kosten der Implementierung.[408] Im Vergleich zum KSA bevorteilt der risikosensitivere IRBA Risiken guter Bonität stärker, wodurch eine deutlich größere Entlastung bei der Eigenkapitalunterlegung erzielt wird. Dieser Vorteil ist jedoch auf den oberen Investment Grade Bereich beschränkt.[409] Allerdings wird eine weitere über die Unterscheidung zwischen langfristigen und kurzfristigen Bonitätsbeurteilungen hinaus gehende Differenzierung nach Forderungsklassen der zugrunde liegenden verbrieften Forderungen weder im KSA noch im IRBA vorgenommen. Die Finanzmarktkrise verdeutlichte aber in besonderem Maße, dass bestimmte Verbriefungen, insbesondere Resecuritizations, größere Risiken tragen, als andere Verbriefungsarten.[410]

5.3. Aufsichtsrechtliches Überprüfungsverfahren für Verbriefungen

Im Gegensatz zu den in der Baseler Säule I aufgeführten quantitativen Anforderungen an Institute, richtet die zweite Säule ihren Fokus auf die Bedeutung qualitativer Aspekte.[411] Dem nach § 25a Abs. 1 KWG geforderten angemessenen Risikomanagement, entgegnete der deutsche Gesetzgeber mit den am 20. Dezember 2005 veröffentlichten Mindestanforderungen an das Risikomanagement von Kreditinstituten (MaRisk). So fanden bereits vor der Novellierung der Solvabilitätsverordnung die Anforderungen zur zweiten Säule Eingang in das deutsche Aufsichtsrecht.[412] Diese Umsetzung gilt als bislang weitestgehender Vorstoß in Richtung prinzipienorientierte Bankenaufsicht.[413] Die MaRisk setzen das i. R. des Supervisory Review Process (SRP) in den Artikeln 22, 123 und 124 der Bankenrichtlinie verankerte *Prinzip der doppelten Proportionalität* um.[414] Ebenfalls sind die qualitativen Elemente des internen Kapi-

---

407 Bspw. fließen zusätzliche Einflussfaktoren wie die Granularität und die Seniorität in die Bonitätsbeurteilungen mit ein.

408 Vgl. Hofmann, Bernd (Eigenmittelanforderungen 2007), S. 99.

409 D. h. durch Anwendung des KSA erzielt man für Verbriefungspositionen, welche der aufsichtlichen Bonitätsstufe 4 und tiefer (Speculative Grade Bereich) zugeordnet sind, eine günstigere Eigenkapitalunterlegung als im IRBA.

410 Vgl. zu diesem Absatz Hofmann, Katja (Verbriefungen 2009), S. 1738, Rn. 1. Wiederverbriefungen werden i. R. aufsichtsrechtlicher Änderungsvorhaben in Kapitel 6 explizit betrachtet.

411 Vgl. Helwig, Christian (Eigenkapitalvereinbarung 2002), S. 97.

412 Vgl. Freyaldenhoven, Thomas; Krahn, Jochen (Reformvorschläge 2009), S. 29.

413 Vgl. Hartmann-Wendels, Thomas (Finanzmarktkrise 2009), S. 544.

414 Das *Prinzip* oder der *Grundsatz der doppelten Proportionalität* zielt darauf ab, dass die internen Prozesse der Identifikation, Beurteilung, Steuerung und Kontrolle jeweiliger Risiken der Bedeutung der jeweiligen Verlustgefahren entsprechen müssen. D. h. je bedeutender eine Risikoart ist und je komplexer die betriebenen Bankgeschäfte sind, desto anspruchsvoller sollen die Risikosteuerungsmethoden sein. Aus externer Sicht der Bankenaufsicht muss sich dementsprechend die Prüfintensität des Risikomanagements an der

talallokationsprozesses (*Internal Capital Adequacy Assessment Process* (ICAAP)[415]) in die MaRisk eingeflossen.[416]

Dabei beinhalten die Anforderungen der Säule II auch im Hinblick auf Verbriefungen den notwendigen Rückhalt für Aufsichtsbehörden, um die Berechnungsmethoden für die Kapitalanforderungen zu ändern oder zu verbessern, um die Besonderheiten jeder Verbriefungstransaktion und jeden bei den Mindestkapitalvorschriften bislang nicht direkt behandelten Einflussfaktor zu berücksichtigen.[417] Ein essentieller Aspekt ist auch i. R. der zweiten Säule die Frage nach der *Signifikanz des Risikotransfers*. D. h. die Bankenaufsicht erwartet ausdrücklich eine von Beginn an und dauerhafte Übertragung eines wesentlichen Teils des Kreditrisikos sowie des Nominalwerts des verbrieften Portfolios auf mindestens eine unabhängige dritte Partei.[418] Ebenfalls finden die schon in Abschnitt 5.2.3.3.4 aufgezeigten *Stresstests* in den aufsichtsrechtlichen Überprüfungsverfahren Berücksichtigung. Denn bislang wurden extreme Marktentwicklungen, wie sie im Zuge der Finanzmarktkrise zu spüren waren (bzw. noch sind), von den Instituten in ihren Analysen nicht immer ausreichend berücksichtigt. Folglich war die Risikotragfähigkeit einiger Banken nicht mehr gegeben.[419] AT 4.3.2 der MaRisk beinhaltet nun erhöhte Anforderungen an die Durchführung von Stresstests. In diesem Zusammenhang muss aber verdeutlicht werden, dass ein Stresstest nicht die Schwächen des Risikomanagements beheben kann, sondern in erster Linie als eine komplementäre Funktion zur Stärkung des Risikomanagements verstanden werden sollte.[420]

Als Reaktion auf die Finanzmarktkrise hat die Bankenaufsicht nach Abschluss einer Konsultationsphase im Juli 2009 das neue Regelwerk *Enhancements to the Basel II-Framework* veröffentlicht. Speziell für strukturierte Produkte sind dort mit Blick auf die zweite Säule weitere Detaillierungen hinsichtlich bestehender Regelungen zur bankaufsichtlichen Überwachung mit

---

Systemrelevanz der Institute orientieren. Vgl. ausführlich Hartmann-Wendels, Thomas (Finanzmarktkrise 2009), S. 545 und Paul, Stephan (Rolle 2007), S. 645.

415 Die *ICAAP* bezeichnen Anforderungen an die internen Prozesse der Banken zur dauerhaften Sicherstellung ihrer Risikotragfähigkeit (vgl. hierzu Hartmann-Wendels, Thomas (Finanzmarktkrise 2009), S. 544 und Knippschild, Martin; Ewald, Oliver (Risikokapitalsteuerung 2007), S. 236). Bspw. wurden bspw. Anforderungen an die Risikotragfähigkeit (AT 4.1) sowie an die Risikosteuerungs- und -controllingprozesse (AT 4.3.2) eingeführt (vgl. BaFin (Rundschreiben 2009), S. 1-34).

416 Vgl. zu diesem Absatz Deutsche Bundesbank (Eigenkapitalregelungen 2006), S. 87-88.

417 Vgl. PricewaterhouseCoopers (Verbriefung 2009), S. 3.

418 Vgl. zu der Thematik eines signifikanten Risikotransfers auch Walkowiak, Anke (Verbriefungen 2005), S. 182 und Hofmann, Gerhard; Morck, Thomas; Reichardt-Petry, Karin (Verbriefungen 2007), S. 261.

419 Vgl. Budy, Katrin; Houben, Anne; Schauff, Joachim (Weiterentwicklung 2009), S. 3.

420 Vgl. KPMG (Finanzinstitute 2009), S. 4. Das im Mai 2009 vom Baseler Komitee herausgegebene Regelwerk „*Principles for sound stress testing practices and supervision*" beinhaltet diesbezüglich 21 Empfehlungen.

dem Ziel einer besseren Überwachung von Verbriefungsrisiken vorgesehen.[421] Die operationelle *Risikotragfähigkeit* für Verbriefungspositionen soll sichergestellt werden.[422] Deshalb wurde der Art. 565 der neuen Baseler Rahmenvereinbarung um die Notwendigkeit einer internen Risikoprüfung erweitert. So müssen zum einen die Institute jederzeit in der Lage sein, die mit all ihren Verbriefungspositionen verbundenen Risiken zu jeder Zeit und in umfassender Weise beurteilen zu können. Zum anderen müssen Institute erforderliche Informationen über

- die Performance der Verbriefungstransaktion,
  bspw. Informationen über die jeweilige Assetklasse, den Diversifikationsgrad sowie Zahlungsrückstände bzw. -ausfälle des zugrunde liegenden Forderungspools und
- die strukturellen Eigenschaften der Verbriefungstransaktion,
  bspw. Informationen über Kreditverbesserungsmaßnahmen, Maßnahmen zur Verbesserung der Liquidität sowie Trigger-Events (siehe auch Abschnitt 2.2.2.4) einholen.[423]

Zusammenfassend betrachtet müssen Institute also eigene *Due-Diligence*-Verfahren implementieren, um Ratings externer Anbieter bewerten zu können.[424] Durch diese Maßnahmen versucht die Bankenaufsicht einem gegenwärtigen und durch die Finanzkrise sichtbar gewordenen Problem entgegenzuwirken. Institute verließen sich alleinig auf Bonitätsurteile externer Ratingagenturen als Berechnungsgrundlage für die Mindestkapitalanforderungen hinsichtlich ihrer Verbriefungspositionen. Dennoch dient dieses „keinesfalls als Ersatz für eine umfassende interne Risikoprüfung“[425]. Werden die Risiken einer Verbriefung in der internen Risikoprüfung eines Instituts nicht ausreichend berücksichtigt, kann die jeweilige Aufsichtsbehörde entsprechende Sanktionsmaßnahmen ergreifen.[426]

---

421 Vgl. Dorendorf, Bettina; Wessendorf, Anne (Wertpapiere 2010), S. 902.

422 Die in diesem Artikel enthaltenen Anforderungen gelten sowohl für Verbriefungspositionen des Anlagebuches, als auch für Positionen des Handelsbuches. Vgl. ausführlich Baseler Ausschuss für Bankenaufsicht (Enhancements 2009), S. 5.

423 Vgl. Baseler Ausschuss für Bankenaufsicht (Enhancements 2009), S. 5-6.

424 *Due-Diligence* ist ein praxisrelevanter Begriff für die „gebotene Sorgfalt“. Allgemein formuliert bedeutet der Begriff die Prüfung der rechtlichen und wirtschaftlichen Verhältnisse eines Unternehmens, die ein Käufer des Unternehmens vornimmt, um sich zu überzeugen, dass die Annahmen, auf die er sein Kaufangebot gründet, zutreffen und das alle Risiken berücksichtigt sind. Vgl. Achleitner, Paul u. a. (Lexikon 2002), S. 368.

425 Dorendorf, Bettina; Wessendorf, Anne (Wertpapiere 2010), S. 906.

426 Bspw. wird die eigenkapitalentlastende Wirkung der Verbriefungen aufgehoben oder reduziert. Auch eine Erhöhung der Eigenkapitalunterlegung für einbehaltene Risiken ist möglich. Vgl. Walkowiak, Anke (Verbriefungen 2005), S. 181.

5.4. Offenlegungsanforderungen bei Verbriefungen

Die dritte Säule *Market Discipline* komplettiert das Baseler Regelwerk in Form von erweiterten Offenlegungsvorschriften. Die Institute, Institutsgruppen und Finanzholding-Gruppen müssen danach qualitative und quantitative Informationen über die Eigenkapitalausstattung und die eingegangenen Risiken veröffentlichen.[427] Die Bankenaufsicht zielt durch eine so verbesserte Transparenz einerseits auf eine erhöhte Disziplin unter den Marktteilnehmern. Andererseits hat sie den Anspruch, mit den Offenlegungsanforderungen ein konsistentes und verständliches Schema bereitzustellen, das eine bessere Vergleichbarkeit der Angaben zwischen den Kreditinstituten ermöglichen soll.[428]

Für Adressenrisikopositionen, die den Eigenkapitalunterlegungsvorschriften für Verbriefungen unterliegen, sind die Offenlegungsanforderungen gemäß § 334 SolvV maßgeblich.[429] Nachfolgend werden zuerst die qualitativen offenzulegenden Informationen nach § 334 Abs. 1 SolvV aufgezeigt. Sie umfassen

- die Ziele der Bank in Verbindung mit den Verbriefungsaktivitäten;
- die von der Bank übernommenen Funktionen und deren Umfang der Aktivitäten im Verbriefungsprozess;
- die Verfahren zur Berechnung der risikogewichteten Forderungen bei Verbriefungstätigkeiten;[430]
- die Zusammenfassung der institutseigenen Bilanzierungs- und Bewertungsmethoden für Verbriefungen und
- die Namen der bei Verbriefungen eingesetzten Ratingagenturen.

In qualitativer Hinsicht im Zusammenhang mit Verbriefungen sind folgende Angaben gemäß § 334 Abs. 2 SolvV offenzulegen:

---

427 Vgl. § 319 Abs. 1 SolvV und Syring, Johanna; Thelen-Pischke, Hiltrud (Aufarbeitung 2008), S. 910. Die Offenlegungspflichten sind unter Wahrung des Wesentlichkeits-, Schutz- und Vertraulichkeitsgrundsatzes gemäß § 26a KWG auf der institutseigenen Internetseite oder in einem anderen geeigneten Medium zu veröffentlichen. Die Tatsache der Veröffentlichung ist im Bundesanzeiger bekannt zu machen (vgl. § 320 SolvV).

428 Vgl. Baseler Ausschuss für Bankenaufsicht (Eigenkapitalanforderungen 2006), S. 256, Abs. 810.

429 Die Offenlegungsregelungen für sonstige Adressenrisikopositionen (§§ 326-329 und 335 SolvV) greifen nicht. Vgl. Füser, Karsten; Stetter, Thorsten (Offenlegungsvorschriften 2007), S. 204.

430 Gilt nur insoweit, als verbriefte Exposures nach wie vor vom Institut zu unterlegen sind (vgl. Grünberger, David; Klein, Heiner (Offenlegung 2008), S. 174).

- die Summe der vom Institut verbrieften Forderungsbeträge, aufgeschlüsselt nach der Art der verbrieften Forderungen nach den Formen des Risikotransfers (true-sale oder synthetisch);
- der Betrag der notleidenden bzw. überfälligen verbrieften Forderungen sowie die durch die Bank in der laufenden Periode ausgewiesenen Verluste;
- der Gesamtbetrag der zurückbehaltenen oder angekauften Verbriefungspositionen und der damit verbundenen IRBA- und KSA-Kapitalanforderungen und
- eine Zusammenfassung der Verbriefungsaktivitäten in der Berichtsperiode.

Einer essenziellen Problematik versucht der Bankenausschuss mit Hilfe dieser Anforderungen zur Offenlegung entgegen zu wirken. Die Tatsache eines bestehenden Wissensvorsprungs des Originators gegenüber dem Risikokäufer hinsichtlich der Kreditrisiken dürfte in der Vergangenheit hauptsächlich für die Illiquidität vieler Kreditrisiken verantwortlich sein.[431] Diese dadurch verursachte *Informationsasymmetrie* birgt zwei Problemfelder:

- zum einen müsste jeder potenzielle Investor befürchten, dass der Originator vornehmlich die Kreditrisiken veräußert, von denen nur er weiß, dass sie „schlechte" Risiken sind. In diesem Zusammenhang spricht man auch von sog. *Adverse Selection.*
- zum anderen bezeichnet *Moral Hazard* im Zusammenhang mit synthetischen Transaktionen (vgl. Abschnitt 2.3.2) den mangelnden Anreiz des Protection Buyers, nach der Absicherung den Obligator zu überwachen.[432]

Gerade diese während der Finanzmarktkrise aufgedeckten Schwächen – ganz explizit in Bezug auf Verbriefungspositionen – veranlassten den Baseler Ausschuss für Bankenaufsicht zu Verbesserungsvorschlägen für die Säule III. Die Nachbesserungen beziehen sich u. a. auf Verbriefungspositionen im Handelsbuch, Unterstützung außerbilanzieller SPV, IAA und andere ABCP-Liquiditätsfazilitäten, Resecuritization Exposures[433] und Bewertung hinsichtlich der Verbriefungspositionen.[434]

---

431 Dieser Wissensvorsprung begründet sich dadurch, dass der Originator über einen direkten Zugang zum Obligator verfügt. Er besitzt somit bessere, schnellere und aktuellere Informationen über dessen wirtschaftliche Verhältnisse.

432 Vgl. zu diesem Absatz Kern, Marco (Kreditderivate 2003), S. 33.

433 Der Begriff *Resecuritization Exposures* wird im Zusammenhang mit zukünftigen Änderungen seitens der Bankenaufsicht im nachfolgenden Kapitel 6 detailiert erläutert.

434 Diese Nachbesserungen in Bezug auf Offenlegungen beinhaltet das im Juli 2009 veröffentlichte Regelwerk *Enhancements to the Basel II framework* mit direktem Bezug auf das bestehende Baseler Rahmenwerk. Weitere Ausführungen dieser Maßnahmen beinhaltet das sechste Kapitel. Vgl. Baseler Ausschuss für Bankenaufsicht (Enhancements 2009), S. 28-30.

6. Kritische Analyse bestimmter Verbriefungsarten im Kontext bankenaufsichtsrechtlicher Regelungen und zukünftiger Änderungsvorhaben

Der Baseler Ausschuss sieht vor allem im Bereich der *Resecuritizations* (vgl. hierzu die Ausführungen im Zusammenhang mit CDO in Abschnitt 2.2.2.3) erheblichen Nachbesserungsbedarf. Gründe dafür sind die hohe Komplexität, die erhöhte Anfälligkeit gegenüber korrelierten Verlusten und die Intransparenz dieser risikoreicheren Produkte.[435] Gerade im Umfeld der Finanzmarktkrise hat sich gezeigt, dass die Wiederverbriefungen maßgeblich für den Vertrauensverlust der Investoren in das Finanzinstrument der Verbriefung verantwortlich waren.[436] Als Reaktion darauf, ist der neue Terminus „*Resecuritization Exposure*“ (RE) von dem Baseler Komitee eingeführt worden.[437] Darunter versteht man zukünftig CDO, basierend auf ABS. Bei diesen Verbriefungstransaktionen ist schon das Vorliegen einer einzigen Verbriefung als Asset im verbrieften Portfolio ausreichend, um die gesamte Transaktion als Wiederverbriefung zu klassifizieren.[438] Als Folge dieser Einstufung sollen im Gegensatz zu den für einfache Verbriefungen geltenden KSA- und IRBA-Risikogewichten, deutliche höhere Risikogewichte zur Anwendung kommen. Weiterhin wurden die unter dem SFA-Ansatz erforderlichen Mindestrisikogewichte zur Sicherstellung der Konsistenz zu obiger Risikogewichtserhöhung für angepasst. Das SFA-Mindestrisikogewicht für Wiederverbriefungen wurde auf 20 % festgelegt, wobei für alle anderen Verbriefungstransaktionen weiterhin die 7 % Geltung besitzen.[439] Die Anlagen 12 bis 15 im Anhang dieser Studie führen die künftig für beide Ansätze (KSA und IRBA) gültigen Risikogewichte mit differenzierter Betrachtung von Verbriefungs- und Wiederverbriefungspositionen auf.

Die weit gefasste Definition der RE setzt auch bei ABCP-Programmen an, denn viele ABCP-Programme haben in ihren Investmentrichtlinien den Erwerb anderer ABS explizit zugelassen. Folglich bedeutet eine Umklassifizierung dieser Verbriefungsstrukturen in eine „doppelstöckige“ Verbriefung (Resecuritization), eine deutliche Erhöhung der regulatorischen Eigenkapitalanforderung für die Investoren. Es wird sich zeigen, ob als Reaktion darauf ein erneuter

---

435 Vgl. Dorendorf, Bettina; Wessendorf, Anne (Wertpapiere 2010), S. 902.

436 Vgl. Backhaus, Karsten; Beck, Markus (Verbriefungen 2009), S. 2.

437 Der Vorschlag des Baseler Ausschusses sieht vor, die umfassende Definition als Erweiterung des Abs. 541 der Basel II-Rahmenvereinbarung zu integrieren. Vgl. Baseler Ausschuss für Bankenaufsicht (Enhancements 2009), S. 2.

438 Bspw. ist eine Verbriefungstransaktion, deren Underlying aus Hunderten einzelner Immobilienkredite und nur einer einzigen ABS-Position besteht, zukünftig als RE zu behandeln (vgl. hierzu Rose, Markus (Überarbeitung 2009), S. 2).

439 Vgl. Baseler Ausschuss für Bankenaufsicht (Enhancements 2009), S. 3. Mit dieser Maßnahme werden regulatorische Arbitrageeffekte (siehe Ausführungen in Abschnitt 3.2) seitens der Institute vermieden.

Verkaufsdruck im ABS-Markt einsetzt, da ABCP-Conduits und CDO ihre ABS Bestände abstoßen könnten.

Zusätzlich sollen zukünftig die externen Ratings der ABCP regulatorisch nicht mehr anerkannt werden, falls die investierende Bank die *Liquiditätsfazilität* bzw. *Credit-Enhancements* für das ABCP selbst stellt.[440] Damit beabsichtigt der Baseler Ausschuss, die auch während der Finanzmarktkrise zu beobachtende Vorgehensweise mancher Institute bei der Bereitstellung von Liquiditätsfazilitäten für ABCP-Programme, zu unterbinden.[441] Im Rahmen operationeller Anforderungen für die Verwendung externer Ratings befassen sich in den *Enhancements to the Basel II framework* drei Absätze mit dieser Thematik.[442]

---

440 Vgl. Backhaus, Karsten; Beck, Markus (Verbriefungen 2009), S. 2.

441 So können Banken gegenwärtig anstatt die Inanspruchnahme der Liquiditätsfazilität durch das SPV bei der Eigenkapitalunterlegung zu berücksichtigen, die vom SPV emittierten Commercial Paper kaufen. Bei der Berechnung der Eigenkapitalanforderung legen sie dann für diese Geldmarktpapiere deren positives externes Rating zugrunde, obwohl dieses Urteil maßgeblich auf der Garantie oder sonstigen Unterstützungszusagen der Bank selbst beruht. Auf diese Weise können Banken also eine verminderte Eigenkapitalanforderung herleiten. Mit anderen Worten: Das Institut profitiert von Garantien, die es im Verlustfall selbst stellen muss. Vgl. Rose, Markus (Überarbeitung 2009), S. 3 und Dorendorf, Bettina; Wessendorf, Anne (Wertpapiere 2010), S. 905.

442 Vgl. die vorgeschlagenen Absätze 565 (g) (i) bis (iii) in Baseler Ausschuss für Bankenaufsicht (Enhancements 2009), S. 4.

7. Fazit und Ausblick

Gegenüber den stark eingeschränkten Methoden zur Messung der erforderlichen Eigenkapitalunterlegung der Kreditinstitute i. R. des früheren Basel I-Ansatzes stellt die neue Basler Eigenkapitalvereinbarung zweifelsohne eine Verbesserung dar. Insbesondere die höhere Sensitivität bei der Risikogewichtung ermöglicht eine adäquatere regulatorische Eigenkapitalbelastung. Auch das Finanzprodukt der Verbriefung fand Eingang in das Regelwerk der Bankenaufsicht. Ein Grund dafür war ein explosionsartiger Anstieg des Transfers von Kredit- und Ausfallrisiken auf dem Kapitalmarkt, der in den letzten Jahren dadurch bedingt einen stetigen Zuwachs an immer komplexeren Produkten hervorgerufen hat.[443] Vor allem aber machte die Finanzmarktkrise deutlich, dass es insbesondere für den Verbriefungssektor einer stärkeren Regulierung bedarf. Die Eingliederung der Forderungsklasse der Verbriefungen mit einer umfassenden Behandlung von Adressrisiken in das Baseler Regelwerk stellte zwar einen Schritt in die richtige Richtung dar, jedoch brachte insbesondere die US-Immobilienkrise beträchtliche Schwächen und Lücken der Regularien zum Vorschein. Daran ansetzend arbeitet der Baseler Ausschuss für Bankenaufsicht fortwährend an Verbesserungsvorschlägen zur Stabilisierung des Bankensystems sowie zur Vorbeugung von Finanzkrisen in der Zukunft. Nachfolgend werden wesentliche verbriefungsspezifische Themenfelder aufgegriffen:[444]

- **mangelnde Transparenz und steigende Komplexität der Verbriefungsstrukturen**: Besonders im Bereich komplexer Verbriefungen, wie den Resecuritizations, fordert der strukturelle Aufbau eine Verbesserung des Risikomanagements der Institute.[445] Der Fokus soll dabei auf einer weit größeren Auslegung des Begriffs „Risikokonzentration" liegen, der auch Analysen hinsichtlich Konzentrationen in Industriesektoren oder geografischen Regionen vorsieht.[446] Ebenfalls versucht der Baseler Ausschuss durch die Einführung erhöhter Verbriefungsrisikogewichte – ja sogar eigener Risikogewichte für Resecuritizations (*Resecuritization Exposure*) – die Schaffung komplexer Verbriefungen, welche im-

---

443 So war der europäische Verbriefungsmarkt bis zum Ausbruch der Finanzmarktkrise im Sommer 2007 von kontinuierlichem Wachstum gekennzeichnet. In Deutschland erreichte das Verbriefungsvolumen im Gesamtjahr 2008 mit rd. 76 Mrd. € insbesondere aufgrund großvolumiger EZB-Transkationen ein „Allzeithoch". Vgl. Dorendorf, Bettina; Wessendorf, Anne (Wertpapiere 2010), S. 886 und KfW-Bankengruppe (Verbriefungsmarkt 2009), S. 1.

444 Die nachfolgende Auflistung erhebt keinen Anspruch auf Vollständigkeit, sondern soll lediglich nennenswerte Problemfelder und diesbezüglicher Lösungsvorschläge zusammenfassend wiedergeben. Alle drei Säulen der Baseler Rahmenvereinbarung sind von den Überarbeitungen betroffen.

445 „Bei den Lehren aus der Krise sollte das Risikomanagement einen höheren Stellenwert einnehmen", so Frau Sabine Lautenschläger, die Exekutivdirektorin im Geschäftsbereich Bankenaufsicht bei der BaFin. Vgl. o. V. (Risikomanagement 2009), S. 4.

446 Vgl. KPMG (Finanzinstitute 2009), S. 3.

mer eine erhöhte Unsicherheit im Hinblick auf die Schätzung des Ausfallrisikos mit sich bringt, einzudämmen. Allerdings könnte bei der Risikogewichtung weiter an differenzierteren Betrachtungen angesetzt werden. Bspw. könnte eine Unterscheidung nach den verschiedenen Asset-Klassen oder nach strukturellen Eigenschaften der Obligatoren vorgenommen werden.[447]

- **fehlende Fachkenntnisse und Abstellen auf externe Bonitätsbeurteilungen**: Diesen Problemen versucht der Baseler Ausschuss mit höheren Nachweis- sowie Offenlegungspflichten und besseren Standards bei der Durchführung von Verbriefungen zu erwidern. Institute werden aufgefordert eine Due-Diligence für jede Transaktion durchzuführen, wobei auch Stresstests mehr an Bedeutung gewinnen. Das „blinde" Vertrauen auf Urteile der Ratingagenturen soll tabu werden.
- **Befangenheit und fehlende Standards der Ratingagenturen**: Welche Rolle die Ratingagenturen im Zuge der Finanzmarktkrise spielten, war unübersehbar. Dieser Missstand soll mittels eines erhöhten Anforderungskatalogs behoben werden. Die Agenturen dürfen bspw. keine zeitgleiche Entwicklung, Vertrieb und Bewertung von Finanzprodukten mehr vereinen, um so Interessenkonflikten aus dem Weg zu gehen. Auch die Qualität der von den Ratingagenturen angewandten Methoden muss beträchtlich gesteigert werden.[448]
- **Problematik des partiellen Übergangs vom buy and hold-Geschäftsmodell zur sog. originate to distribute-Vorgehensweise**: Zur Beseitigung dieser Fehlanreize wurde von Vielen ein Mindest-Rückbehalt von Verbriefungspositionen seitens der Originatoren gefordert,[449] sodass das Europäische Parlament und der Rat dies in dem neu eingeführten Artikel 122a i. R. der CRD fixierten. Zukünftig muss ein Originator nachweisen, dass er kontinuierlich einen materiellen Nettoanteil („net economic interest") seiner Verbriefungspositionen von mindestens 5 % halten wird.[450]

Dieser Katalog an Änderungen des Baseler Regelwerks beinhaltet noch weitere Modifikationen hinsichtlich der Behandlung von Verbriefungen. Die damit erhofften Effekte müssen sich

---

447 Diese Betrachtungen müssten aber immer im Hinblick auf die Wesentlichkeit und Verhältnismäßigkeit erfolgen, d. h. der Wirkungsgrad sollte schon in Relation des finanziellen Mehraufwandes liegen.

448 Diese Tatsache spiegelt sich auch in den erheblichen Rating-Herabstufungen (*Downgrades*) der führenden Agenturen als Konsequenz der Finanzmarktkrise wider. So hat S&P zu Beginn des Jahres 2008 für Kreditverbriefungen im Wert von mehr als 500 Mrd. Dollar die Bonitätsnoten reduziert oder auf eine Überprüfungsliste mit negativer Ausrichtung gesetzt. Vgl. o. V. (Massenherabstufung 2008), S. 21.

449 Auch Michael Hüther, Direktor des Instituts der deutschen Wirtschaft, forderte in einem Interview der Börsen-Zeitung, Institute zu zwingen, die First-Loss-Tranche, auf jeden Fall zu behalten. Vgl. o. V. (Hilfen 2009), S. 1.

450 Vgl. Richtlinie 2009/111/EG des Europäischen Parlaments und des Rates vom 16. September 2009, S. 110.

in nächster Zeit aber erst noch bewahrheiten. Was aber mit Sicherheit feststeht, ist ein erheblicher finanzieller Mehraufwand, den die Institute zur Erfüllung dieser Anforderungen aufbringen müssen.

Dieses sehr in Verruf geratene Finanzinstrument der Verbriefung verdient aber eine Betrachtung aus zweierlei Blickwinkel. Immerhin ermöglicht es die Erschließung zusätzlicher Finanzierungsquellen für Unternehmen – vor allem den mittelständischen. Durch diese attraktive Kapitalbeschaffung würde auch die Investitionsfähigkeit wieder gesteigert werden. So fordert bspw. der Bundesverband Öffentlicher Banken Deutschlands (VÖB) eine Wiederbelebung des Verbriefungsmarkts, aber mit verpflichteten Qualitätsstandards und direkter oder indirekter Einbindung von Bund, Länder und Förderbanken in die Verbriefung.[451] Der deutsche Verbriefungsmarkt könnte in diesem Zusammenhang Vorreiter-Stellung einnehmen. Mit standardisierten Verbriefungsplattformen, wie PROMISE, PROVIDE oder der TSI-GmbH, wird durch hohe Qualitätsstandards und klar definierten Strukturen wieder Vertrauen in das Finanzprodukt der Verbriefung geschaffen.

---

[451] Vgl. o. V. (Anschub 2009), S. 3.

Anhang

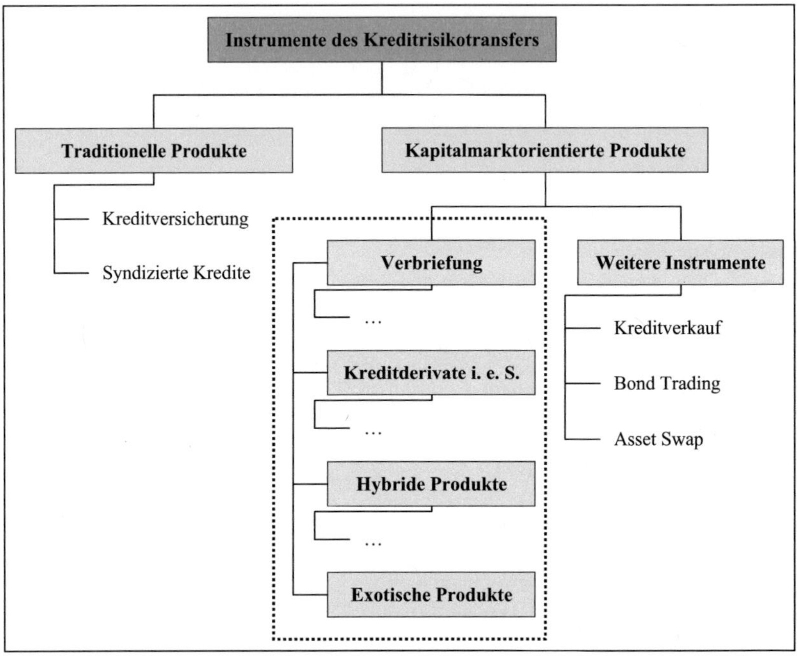

Anlage 1: Systematisierung von Instrumenten des Kreditrisikotransfers[452]

---

452 Modifiziert entnommen aus Struffert, Ralf (Asset Backed Securities-Transaktionen 2006), S. 9.

Ratingskala (illustrativ)		
Rating	**PD [%]**	**S&P**
1	0,01 %	AAA
2	0,01 %	AA+
3	0,02 %	AA
4	0,03 %	AA-
5	0,05 %	A+
6	0,08 %	A
7	0,13 %	A-
8	0,22 %	BBB+
9	0,36 %	BBB
10	0,58 %	BBB-
11	0,94 %	BB+
12	1,55 %	BB
13	2,50 %	BB-
14	4,08 %	B+
15	6,75 %	B
16	10,88 %	B-
17	17,75 %	CCC+
18	29,35 %	CCC
19	47,29 %	CCC-
20	100 %	D

Anlage 2: Zuordnung von Ratings auf Ausfallwahrscheinlichkeiten[453]

453 Entnommen aus Bluhm, Christian; Overbeck, Ludger (Risikoanalyse 2005), S. 120.

Berechnung der Höhe des Solvabilitätskoeffizienten

$$mvEK \geq Gesamt\text{-}AB_{Adress} + AB_{OR}$$

$$\Leftrightarrow mvEK \geq 0{,}08 \times \text{risikogewichtete Positionswerte} + AB_{OR}$$

$$\Leftrightarrow mvEK \geq 0{,}08 \times (\text{risikogewichtete Positionswerte} + 12{,}5 \times AB_{OR})$$

$$\Leftrightarrow \frac{mvEK}{\text{risikogewichtete Positionswerte} + 12{,}5 \times AB_{OR}} \geq 0{,}08$$

Dabei gilt:

mvEK	=	modifiziertes verfügbares Eigenkapital
Gesamt-AB_{Adress}	=	Gesamtanrechnungsbetrag für Adressenrisiken
AB_{OR}	=	Anrechnungsbetrag für operationelle Risiken

Anlage 3: Solvabilitätskoeffizient nach der SolvV[454]

Liste der für die bankaufsichtliche Risikogewichtung anerkannten Ratingagenturen für Verbriefungspositionen nach § 52 SolvV

- **DBRS** (früher Dominion Bond Rating Service)
- **Fitch Ratings Ltd. (Fitch)**
- The McGraw-Hill Companies unter der Marke **„Standard & Poor`s Corp." (S&P)**
- **Moody`s Investors Service Corp. (Moody`s)**

Unbeauftragte Bonitätsbeurteilungen obiger anerkannter Ratingagenturen sind nach § 237 Abs. 2 Satz 1 Nr. 1 SolvV ebenfalls verwendungsfähig.

Anlage 4: Liste anerkannter Ratingagenturen für Verbriefungspositionen[455]

454 Entnommen aus Bieg, Hartmut; Krämer, Gregor; Waschbusch, Gerd (Bankenaufsicht 2009), S. 169.
455 Eigene Darstellung angelehnt an BaFin (Mapping 2009), S. 1.

Beispiele regulatorischer Eigenkapitalentlastungen nach Basel II

Die folgenden Beispiele verdeutlichen den Einfluss der neuen Eigenkapitalregelungen auf Verbriefungen, die mit dem Ziel einer regulatorischen Kapitalentlastung durchgeführt werden. Sie zeigen die Eigenkapitalunterlegung unter dem früheren Grundsatz I. Zu Grunde liegt die fiktive Verbriefung eines Forderungspools privater Baudarlehen in Höhe von 1 Mrd. € mit einem Risikogewicht von 50 %. Die Erstverlustposition (FLP) wird vom Originator gehalten.

Im **Beispiel 1**, einer True-Sale-Verbriefung, wird der Forderungspool von der Bank auf eine Zweckgesellschaft (SPV) übertragen. Diese finanziert den Ankauf über die Ausgaben von mit Wohnimmobilien besicherten Wertpapieren (RMBS).
Im **Beispiel 2**, einer synthetischen Struktur, wird der Forderungspool durch einen Senior Credit Default Swap (CDS) mit einer Bank und einen CDS mit einem SPV abgesichert. Letzteres emittiert Credit-Linked-Notes; deren Emissionserlös in ein Wertpapierportfolio hoher Qualität investiert wird.
Beispiel 3, zeigt eine synthetische Verbriefungsstruktur über die KfW-Plattform PROVIDE. Bei der FLP wird eine Zinsunterbeteiligung (ISP)[456] bei Originator unterstellt.

In der Tabelle der Anlage 5/II werden die Eigenkapitalanforderungen vor und nach Verbriefung unter den Grundsatz I- und den Basel II-Regelungen gegenübergestellt. Beim Originator wird im KSA für das Portfolio privater Hypothekendarlehen das Risikogewicht von 35 % eingesetzt. Die Ergebnisse verdeutlichen, dass insgesamt der Anreiz zur regulatorischen Arbitrage unter Basel II sinkt.[457] Einerseits fallen teilweise die Eigenkapitalanforderungen vor Verbriefung, andererseits erhöhen sich für bestimmte Positionen nach Verbriefung. Der wesentliche Einflussfaktor auf die regulatorische Eigenkapitalersparnis ist insbesondere der Einbehalt und die Höhe der FLP.

Anlage 5/I

456 Zum Instrument der Zinsunterbeteiligung als eine Form interner Credit-Enhancement-Technik siehe detaillierte Ausführungen in Abschnitt 2.2.1.5.

457 Die Problematik der regulatorischen Kapitalarbitrage bei Verbriefungstransaktionen wird in Abschnitt 3.2 eingehend erläutert.

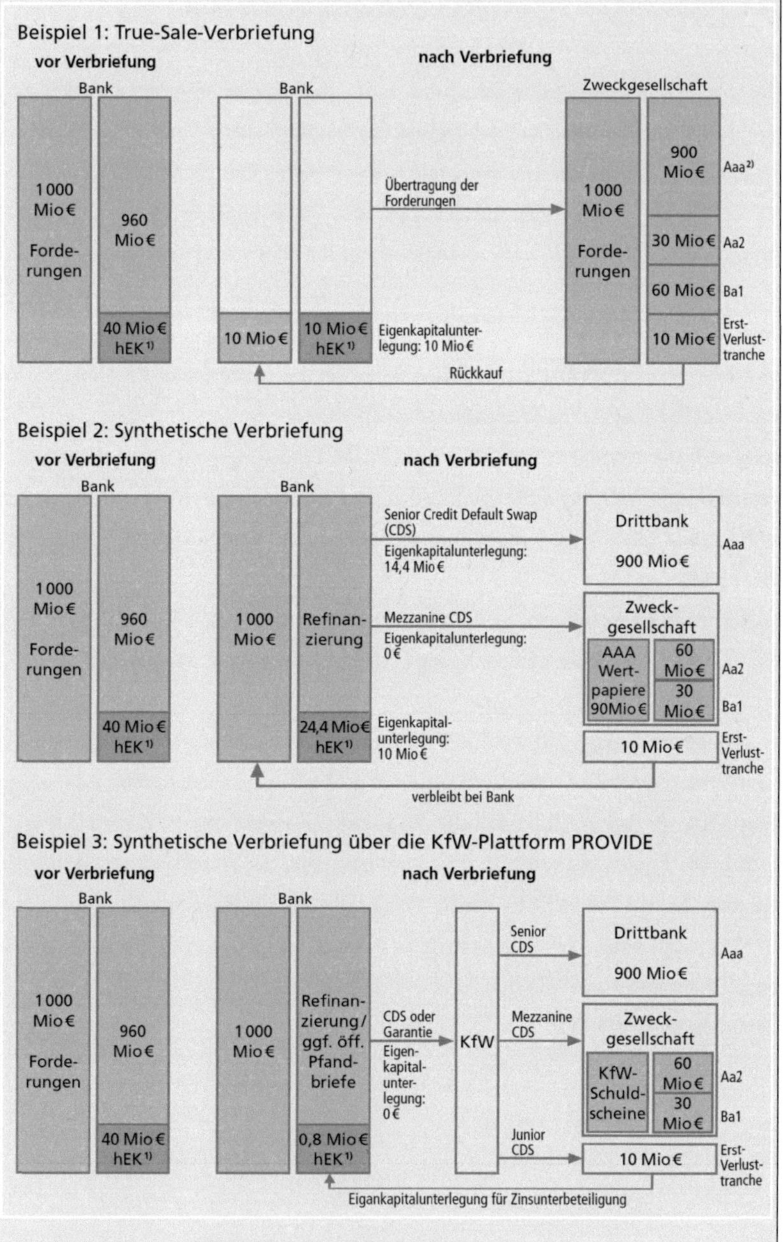

1 Haftendes Eigenkapital. — **2** Ratings Aaa, Aa2 und Ba1 beispielhaft nach Moody's.

Anlage 5/II

Vergleich der Eigenkapitalanforderungen aus Sicht eines Originators vor und nach Verbriefung unter Grundsatz I- und Basel II-STA-Regelungen

	Vor Verbriefung		Beispiel 1: True Sale		Beispiel 2: Synthetische Verbriefung		Beispiel 3: Synthetische Verbriefung über KfW Plattform	
	Basel I	Basel II	Basel I	Basel II	Basel I	Basel II	Basel I	Basel II
Position	Kredite besichert duch Wohnimmobilien		Einbehalt der Erstverlustposition		CDS mit Bank, CDS mit SPV, CDS mit Originator		Garantie mit KfW, ISP für Erstverlustposition	
Mio €	1 000		10		10	10	10	10
Risikogewicht	50 %	35 %	1:1 Abzug	1:1 Abzug	20 % RW für Super Senior Swap, 1:1 Abzug für Erstverlustposition	20 % RW für Super Senior Swap, 1:1 Abzug für Erstverlustposition	0 % RW für KfW Garantie, 100 % RW ISP	0 % RW für KfW Garantie, 1:1 Abzug ISP
regulatorische Eigenkapitalanforderungen in Mio € auf verbriefte Forderungen	40	28	10	10	24	24	1	10
reg. Eigenkapitalquote auf verbriefte Forderungen	4 %	2,80 %	1,00 %	1,00 %	2,44 %	2,44 %	0,08 %	1,00 %
Reduzierung Eigenkapitalanforderungen nach Verbriefung			75,00 %	64,29 %	39,00 %	12,86 %	98,00 %	64,28 %

Anlage 5/III

Anlage 5: Beispiele regulatorischer Eigenkapitalentlastungen nach Basel II[458]

[458] Modifiziert entnommen aus Deutsche Bundesbank (Rahmenbedingungen 2006), S. 56-58.

KSA- und IRBA-Forderungsklassen nach SolvV			
KSA-Forderungsklasse § 25 Abs. 1 Nr.	zugeordnet in § 25	IRBA-Forderungsklasse § 73 Nr.	zugeordnet in
1 Zentralregierungen	Abs. 2	1 Zentralregierungen	§ 74
2 Regionalregierungen und örtliche Gebietskörperschaften	Abs. 3	2 Institute	§ 75
		3 Mengengeschäft	§§ 76, 77
3 sonstige öffentliche Stellen	Abs. 4	4 Beteiligungen	§ 78
4 mulitlaterale Entwicklungsbanken	Abs. 5	**5 Verbriefungen**	**§ 79**
5 internationale Organisationen	Abs. 6	6 Unternehmen	§ 80
6 Institute	Abs. 7	7 sonstige kreditunabhängige Aktiva	§ 82
7 von KI'en emittierte gedeckte Schuldverschreibungen	Abs. 8		
8 Unternehmen	Abs. 9		
9 Mengengeschäft	Abs. 10		
10 durch Immobilien besicherte Positionen	Abs. 11		
11 Investmentanteile	Abs. 12		
12 Beteiligungen	Abs. 13		
13 Verbriefungen	**Abs. 14**		
14 sonstige Positionen	Abs. 15		
15 überfällige Positionen	Abs. 16		

Anlage 6: KSA- und IRBA-Forderungsklassen nach SolvV[459]

[459] Eigene Darstellung in Anlehnung an SolvV.

Bonitätsbeurteilungskategorie				Bonitätsstufe
DBRS	Fitch	Moody's	S&P	
AAA bis AA (low)	AAA bis AA-	Aaa bis Aa3	AAA bis AA-	1
A (high) bis A (low)	A+ bis A-	A1 bis A3	A+ bis A-	2
BBB (high) bis BBB (low)	BBB+ bis BBB-	Baa1 bis Baa3	BBB+ bis BBB-	3
BB (high) bis BB (low)	BB+ bis BB-	Ba1 bis Ba3	BB+ bis BB-	4
B (high) und darunter	B+ und darunter	B1 und darunter	B+ und darunter	5

Anlage 7: Langfristige Bonitätsbeurteilungen im KSA[460]

Bonitätsbeurteilungskategorie				Bonitätsstufe
DBRS	Fitch	Moody's	S&P	
R-1 (high) bis R-1 (low)	F1+, F1	P-1	A-1+, A-1	1
R-2 (high) bis R-2 (low)	F2	P-2	A-2	2
R-3	F3	P-3	A-3	3
Unter R-3	Unter F3	NP	Unter A-3	4

Anlage 8: Kurzfristige Bonitätsbeurteilungen im KSA[461]

460 Entnommen aus BaFin (Mapping 2009), S. 4.
461 Entnommen aus BaFin (Mapping 2009), S. 4.

KSA-Durchschau-Methode mit Risikokonzentrationsrate

Ein Institut investiert in eine Verbriefung von Adressenrisikopositionen der KSA-Forderungsklasse Mengengeschäft. Das Institut hält als KSA-Verbriefungsposition die unbeurteilte Tranche 3.

KSA-Durchschnittsrisikogewicht des verbrieften Portfolios:			75 %
Summe der Nominalwerte aller Tranchen:			950 Mio. €
Tranche 1:	700 Mio. €	externes Rating, Bonitätsstufe 1	Risikogewicht: 20 %
Tranche 2:	100 Mio. €	externes Rating, Bonitätsstufe 3	Risikogewicht: 100 %
Tranche 3:	100 Mio. €	unbeurteilt	
Tranche 4:	50 Mio. €	unbeurteilt	

KSA-Verbriefungsrisikogewicht für Tranche 3:

Risikokonzentrationsrate: 950 Mio. € / 150 Mio. € = **6,333**

Verbriefungsrisikogewicht: min {1250 %; max [100 %; (75 % × 6,3)]} = **475 %**

Mit Hilfe der Durchschau-Methode ergibt sich für die unbeurteilte KSA-Verbriefungsposition an der Tranche 3 ein Verbriefungsrisikogewicht von 475 %.

Anlage 9: Beispiel zur Durchschau-Methode mit Risikokonzentrationsrate[462]

[462] Modifiziert entnommen aus Gerth, Volker (Verbriefungen 2008), S. 2158, Rn. 12.

Bonitätsbeurteilungskategorie				Bonitätsstufe
DBRS	Fitch	Moody's	S&P	
AAA	AAA	Aaa	AAA	1
AA (high) bis AA (low)	AA+ bis AA-	Aa1 bis Aa3	AA+ bis AA-	2
A (high)	A+	A1	A+	3
A	A	A2	A	4
A (low)	A-	A3	A-	5
BBB (high)	BBB+	Baa1	BBB+	6
BBB	BBB	Baa2	BBB	7
BBB (low)	BBB-	Baa3	BBB-	8
BB (high)	BB+	Ba1	BB+	9
BB	BB	Ba2	BB	10
BB (low)	BB-	Ba3	BB-	11
Unter BB (low)	Unter BB-	Unter Ba3	Unter BB-	12

Anlage 10: Langfristige Bonitätsbeurteilungen im IRBA[463]

[463] Entnommen aus BaFin (Mapping 2009), S. 5.

Bonitätsbeurteilungskategorie				**Bonitätsstufe**
DBRS	**Fitch Ratings**	**Moody's**	**S&P**	
R-1 (high) bis R-1 (low)	F1+, F1	P-1	A-1+, A-1	1
R-2 (high) bis R-2 (low)	F2	P-2	A-2	2
R-3	F3	P-3	A-3	3
Unter R-3	Unter F3	Unter P-3	Unter A-3	4

Anlage 11: Kurzfristige Bonitätsbeurteilungen im IRBA[464]

464 Entnommen aus BaFin (Mapping 2009), S. 6.

Externes Rating (Beispiel)	Risikogewicht	
	Verbriefungen	Wiederverbriefungen
AAA bis AA-	20 %	40 %
A+ bis A-	50 %	100 %
BBB+ bis BBB-	100 %	225 %
BB+ bis BB-	350 %	650 %
B+ und niedriger oder kein Rating	1250 % (Kapitalabzug)	

Anlage 12: Verbriefungsrisikogewichte langfristiger Ratings unter dem KSA[465]

Externes Rating (Beispiel)	Risikogewicht	
	Verbriefungen	Wiederverbriefungen
A-1/P-1	20 %	40 %
A-2/P-2	50 %	100 %
A-3/P-3	100 %	225 %
Unter P-3 oder kein Rating	1250 % (Kapitalabzug)	

Anlage 13: Verbriefungsrisikogewichte kurzfristiger Ratings unter dem KSA[466]

465 Modifiziert entnommen aus Baseler Ausschuss für Bankenaufsicht (Enhancements 2009), S. 5.
466 Modifiziert entnommen aus Baseler Ausschuss für Bankenaufsicht (Enhancements 2009), S. 5.

Externes Rating (Beispiel)	Verbriefungen			Wiederverbriefungen	
	Risikogewicht **„granular und höchstrangig“**	Risikogewicht **„granular und nicht-höchstrangig“**	Risikogewicht **„nicht-granular“**	Risikogewicht **„höchstrangig“**	Risikogewicht **„nicht-höchstrangig“**
AAA	7 %	12 %	20 %	20 %	30 %
AA	8 %	15 %	25 %	25 %	40 %
A+	10 %	18 %	35 %	35 %	50 %
A	12 %	20 %	35 %	40 %	65 %
A-	20 %	35 %	35 %	60 %	100 %
BBB+	35 %	50 %	50 %	100 %	150 %
BBB	60 %	75 %	75 %	150 %	225 %
BBB-	100 %			200 %	350 %
BB+	250 %			300 %	500 %
BB	425 %			500 %	650 %
BB-	650 %			750 %	850 %
Unterhalb BB- und ohne Rating	1250 % (Kapitalabzug)				

Anlage 14: Verbriefungsrisikogewichte langfristiger Ratings unter dem IRBA[467]

[467] Modifiziert entnommen aus Baseler Ausschuss für Bankenaufsicht (Enhancements 2009), S. 3.

Externes Rating (Beispiel)	Verbriefungen			Wiederverbriefungen	
	Risikogewicht **„granular und höchst-rangig“**	Risikogewicht **„granular und nicht-höchstrangig“**	Risikogewicht **„nicht-granular“**	Risikogewicht **„höchstran-gig“**	Risikogewicht **„nicht-höchstran-gig“**
A1	7 %	12 %	20 %	20 %	30 %
A2	12 %	20 %	35 %	40 %	65 %
A3	60 %	75 %	75 %	150 %	225 %
Unterhalb A3 und ohne Rating	1250 % (Kapitalabzug)				

Anlage 15: Verbriefungsrisikogewichte kurzfristiger Ratings unter dem IRBA[468]

468 Modifiziert entnommen aus Baseler Ausschuss für Bankenaufsicht (Enhancements 2009), S. 3.

Literaturverzeichnis

Aberer, Bartle (SolvV 2007): Verbriefungen in der SolvV. In: Handbuch Solvabilitätsverordnung – Eigenkapitalunterlegung von Markt-, Kredit- und Operationellem Risiko, hrsg. von Torsten Cramme u. a., Stuttgart 2007, S. 183-209, (BANK CC-2d-204).

Achleitner, Paul u. a. (Lexikon 2002): Gabler-Bank-Lexikon: Bank – Börse – Finanzierung. Hrsg. von Jürgen Krumnow u. a., 13. Aufl., Wiesbaden 2002, (UCB bwl LF 032).

Alte, Timo (Forderungsabtretung 2006): Die Forderungsabtretung bei der Securitisation. In: Europäisches Wirtschaftsrecht – Jean-Monnet-Schriftenreihe, hrsg. von Dieter Krimphove, Bd. 4., Köln 2006, (WIWISB CC-2d-203).

Altenburg, Michael (Wiederbelebung 2009): Warum der Staat eine Wiederbelebung des Verbriefungsmarktes ordnen, sie aber nicht initiieren sollte. In: ZfgK, 19/2009, S. 960-961, (BANK ZZ-953).

Anner, Alfred; Cerveny, Frank (Trends 2008): Trends auf den europäischen Verbriefungsmärkten seit Ausbruch der (Subprime-)Krise. In: ZfgK, 18/2008, S. 901-905, (BANK ZZ-953).

Arbeitskreis „Bankenaufsicht" (Protokoll 2007): Protokoll der 2. Sitzung des Arbeitskreises „Bankenaufsicht", 5. September 2007. Abrufbar unter: http://www.bundesbank.de/download/bankenaufsicht/pdf/20070905.2protokoll.ak_b.pdf (14.01.2010).

Arbeitskreis „Umsetzung Basel II" (Protokoll 2005): Protokoll der 8. Sitzung am 08.06.2005, Juli 2005, abrufbar unter: http://www.bundesbank.de/download/bankenaufsicht/zip/20050608_protokoll.zip (22.12.2009).

Arbeitskreis Finanzierung der Schmalenbach-Gesellschaft Deutsche Gesellschaft für Betriebswirtschaft e. V. (Asset Backed Securities 1992): Asset Backed Securities – ein neues Finanzinstrument für deutsche Unternehmen? In: zfbf, 6/1992, S. 495-530 (WIWISB ZZ-963).

Arlt, Roland (True Sale Securitisation 2009): True Sale Securitisation unter besonderer Berücksichtigung der Rechtslage in Deutschland und Italien. In: Untersuchungen über das Spar-, Giro- und Kreditwesen – Abteilung B: Rechtswissenschaft, hrsg. von Mathias Habersack, Peter Mülbert und Uwe Schneider, Bd. 181. Berlin 2009, (BANK CC-1-286).

Asmussen, Jörg (Verbriefungen 2006): Verbriefungen aus Sicht des Bundesfinanzministeriums. In: ZfgK, 19/2006, S. 1016-1018, (BANK ZZ-953).

Auerbach, Dirk; Roth, Tilmann (Credit-Linked-Notes 2003): Der Erwerb von Asset-Backed-Securities und Credit-Linked-Notes durch institutionelle Investoren. In: WM, 5/2003, S. 230-237, (DEJ DZ 1-32).

Backhaus, Karsten (Solvabilitätsverordnung 2007): Verbriefungen in der Solvabilitätsverordnung. In: Basel II erreicht Europa – Ein Handbuch für Praktiker, hrsg. von LBBW, Teil 2, Stuttgart 2007, (eigener Bestand).

Backhaus, Karsten; Beck, Markus (Verbriefungen 2009): Basel II: Vorschläge des Baseler Komitees zur Behandlung von Verbriefungen, hrsg. von LBBW, Stuttgart 2009, (eigener Bestand).

BaFin (Mapping 2009): Liste der für die bankaufsichtliche Risikogewichtung anerkannten Ratingagenturen samt Mapping vom 14.08.2009. Abrufbar unter: http://ww2.bafin.de/auslegung_solvv/T016N001F001.htm (05.12.2009).

BaFin (Rundschreiben 2009): Rundschreiben 15/2009(BA) vom 14.08.2009 – Mindestanforderungen an das Risikomanagement - MaRisk. Abrufbar unter: http://www.bundesbank.de/download/bankenaufsicht/pdf/marisk/090814_rs.pdf (10.12.2009).

BAKred (Rundschreiben 1997): Rundschreiben 4/1997 – Veräußerung von Kundenforderungen im Rahmen von Asset-Backed Securities-Transaktionen durch deutsche Kreditinsitute. Abrufbar unter: http://www.bafin.de/cln_161/nn_721290/SharedDocs/Veroeffentlichungen/DE/Service/Rundschreiben/ba__bis__042002/rs__9704__ba.html?__nnn=true (11.11.2009).

Ballwieser, Wolfgang (Vollständigkeit 2008): § 246 Vollständigkeit. Verrechnungsverbot. In: Münchner Kommentar zum Handelsgesetzbuch, hrsg. von Karsten Schmidt, Bd. 4: Drittes Buch. Handelsbücher §§ 238-342e HGB. 2. Aufl., München 2008, S. 64-94, (BANK BJ-1181:2 IV).

Banh, Minh; Cluse, Michael (Finanzmarktkrise 2009): Weiterentwicklung des Bankenaufsichtsrechts im Zuge der Finanzmarktkrise. In: ZfgK, 13/2009, S. 629-635, (BANK ZZ-953).

Bank for International Settlements (Innovation 1986): Recent Innovations in International Banking. Basel 1986, abrufbar unter: http://www.bis.org/publ/ecsc01.htm (18.10.2009).

Bär, Hans Peter (Securitisation 2000): Asset Securitisation – Die Verbriefung von Finanzaktiven als innovative Finanzierungstechnik und neue Herausforderung für Banken. In: Bank- und finanzwirtschaftliche Forschungen, hrsg. von Hans Geiger u. a., Bd. 262, 3.Aufl., Bern, Stuttgart, Wien: Haupt 2000, (HSBNÜ kbw 21.6/15-5).

Bartelt, Niklas (Asset-Backed Securities 1999): Asset-Backed Securities – ein Produkt für deutsche Banken. In: Trends in Finance Banking, hrsg. von Adolf-Friedrich Jacob, Wiesbaden 1999, (SULB 2000 8653).

Baseler Ausschuss für Bankenaufsicht (Eigenkapitalanforderungen 2006): Internationale Konvergenz der Eigenkapitalmessung und Eigenkapitalanforderungen – Überarbeitete Rahmenvereinbarung. Basel 2006, abrufbar unter http://www.bis.org/publ/bcbs128ger.pdf (11.11.2009).

Baseler Ausschuss für Bankenaufsicht (Enhancements 2009): Enhancements to the Basel II framework. Basel Juli 2009, abrufbar unter http://www.bis.org/publ/bcbs157.pdf?noframes=1 (18.12.2009).

Baseler Ausschuss für Bankenaufsicht (Special Purpose Entities 2009): The Joint Forum – Report on Special Purpose Entities. Basel 2009, abrufbar unter: http://www.bis.org/publ/joint23.pdf?noframes=1 (18.11.2009).

Bechthold, Hartmut; Glüder, Dieter (True-Sale-Verbriefungen 2006): True-Sale-Verbriefungen – Erwartungen an die neue Bundesregierung. In: ZfgK, 1/2006, S. 37-39, (BANK ZZ-953).

Bechthold, Hartmut; Papenfuß, Holger (Verbriefungsmarkt 2008): Der deutsche Verbriefungsmarkt im Griff der Subprime-Krise. In: ZfgK, 18/2008, S. 896-900, (BANK ZZ-953).

Beck, Andreas; Lesko, Michael; Stückler, Ralf (Auswirkungen 2002): Basel II – Auswirkungen auf die IT-Strukturen der Bankpraxis. In: ZfgK, 3-4/2002, S. 153-159, (BANK ZZ-953).

Bellavite-Hövermann, Yvette u. a. (Eigenmittel 2001): Handbuch Eigenmittel und Liquidität nach KWG. Stuttgart 2001, (FHZW B 955/16).

Bellmann, Sabine (Risikomanagement 2002): Asset Backed Securities und ihr Einsatz im Risikomanagement – Lösungsvorschläge zur Diversifizierung der Kreditrisiken auf der Grundlage des Einsatzes von Asset Backed Securities als Anlageinstrument unter besonderer Berücksichtigung der Mortgage Backed Securities. Aachen 2002, (BANK CC-8-324).

Bieg, Hartmut (Bankbilanzen 1983): Bankbilanzen und Bankenaufsicht. In: Schriften des Instituts für Arbeits- und Wirtschaftsrecht der Universität zu Köln, hrsg. von Herbert Wiedemann, Bd. 47. München 1983, (SULB 84-7502).

Bieg, Hartmut (Finanzmarktkrise 2009): Die Finanzmarktkrise – Ursachen, Verlauf, Erkenntnisse und Lösungsversuche. In: StB, 3/2009, S. 66-75, (WIWISB ZZ-813).

Bieg, Hartmut u. a. (IFRS 2009): Handbuch der Rechnungslegung nach IFRS – Grundlagen und praktische Anwendung. 2. Aufl., Düsseldorf 2009, (SULB 2009-8349).

Bieg, Hartmut; Krämer, Gregor (Supervision 2006): Banking Supervision in Europe: From Basel I to Basel II. In: Strategic Management – New Rules for Old Europe, hrsg. von Christian Scholz und Joachim Zentes, Wiesbaden 2006, S. 73-82, (BANK BE-5-1734).

Bieg, Hartmut; Krämer, Gregor; Waschbusch, Gerd (Bankenaufsicht 2009): Bankenaufsicht in Theorie und Praxis, 3. Aufl., Frankfurt am Main 2009, (REFI CC-8-332:3).

Bieg, Hartmut; Krämer, Gregor; Waschbusch, Gerd (Bankenaufsicht 2003): Bankenaufsicht in Theorie und Praxis. Frankfurt am Main 2003, (SULB 2006-1096).

Bieg, Hartmut; Krämer, Gregor; Waschbusch, Gerd (Transformation 2007): Die Transformation der Bestimmungen von Basel II in deutsche Bankenaufsichtsnormen. In: Jahrbuch für Controlling und Rechnungswesen 2007 – Investitionsrechnung, Finanzierung, Kostenrechnung, IFRS/IAS, Besteuerung und Internationale Rechnungslegung, spezielle Bilanzierungsprobleme, Varia, hrsg. von Gerhard Seicht, S. 427-448, (BANK BG-3-1447).

Bieg, Hartmut; Kußmaul, Heinz (Entscheidungen 2000): Investitions- und Finanzierungsmanagement – Band III: Finanzwirtschaftliche Entscheidungen. München 2000, (BANK BC-1694 III).

Bieg, Hartmut; Kußmaul, Heinz (Finanzierung 2009): Finanzierung. 2. Aufl., München 2009, (HTW 1.3.1. Bie 2 2. Aufl.).

Bieg, Hartmut; Sopp, Guido (IFRS 2009): IFRS und Basel II. In: IFRS-Rechnungslegung – Grundlagen -Aufgaben - Fallstudien, hrsg. von Gerrit Brösel und Christian Zwirner, 2. Aufl., München 2009, S. 487-504, (WIWISB BG-3-1710:2 LB).

Bigus, Jochen (Finanzierung 2000): Finanzierung über Factoring und Finanzierung über Asset-Backed-Securities im Vergleich. In: WiSt, 8/2000, S. 463-467 (WIWISB ZZ-916).

Bloss, Michael u. a. (Subprime-Krise 2009): Von der Subprime-Krise zur Finanzkrise – Immobilienblase: Ursachen, Auswirkungen, Handlungsempfehlungen. München 2009, (REFI BC-1941).

Bluhm, Christian; Overbeck, Ludger (Risikoanalyse 2005): Risikoanalyse strukturierter Kreditprodukte. In: zfbf, Sonderheft 52/2005 – Aktuelle Entwicklungen im Bankcontrolling: Rating, Gesamtbanksteuerung und Basel II, hrsg. von Joachim Neupel, Bernd Rudolph und Lutz Hahnenstein, Düsseldorf 2005, S. 119-144, (FHZW B 953/21).

Blundell-Wignall, Adrian; Atkinson, Paul; Lee, Se Hoon (Crisis 2008): The Current Finanacial Crisis: Causes and Policy Issues. In: OECD Journal: Financial Market Trends, Vol. 2008, 2/2009 S.1-28, abrufbar unter: http://www.sourceoecd.org/periodical/0378651X/financmarkettrends (19.10.2009).

Braun, Hendryk (Asset-Backed-Securities 2005): Klassifizierung von Asset-Backed-Securities. In: Praktiker-Handbuch – Asset-Backed-Securities und Kreditderivate, hrsg. von Josef Gruber, Walter Gruber und Hendryk Braun, Stuttgart 2005, S. 61-75, (WIWISB CC-7-348).

Bräunig, Günther; Larabi, Cherifa (Wiederbelebung 2009): Verbriefung differenziert betrachten – Ansatzpunkte zur Wiederbelebung des Marktes. In: ZfgK, 19/2009, S. 928-929, (BANK ZZ-953).

Budy, Katrin; Houben, Anne; Schauff, Joachim (Weiterentwicklung 2009): Weiterentwicklung der MaRisk für Banken – Internationale Harmonisierung und Reaktionen auf die Finanzmarktkrise. In: White Paper No. 34, abrufbar unter: http://www.deloitte.com (15.10.2009).

Büschgen, Hans (Börsenlexikon 2006): Das kleine Börsenlexikon. 3. Aufl., Düsseldorf 2006, (BANK CC-1-234:3).

Bund, Stefan (Securitisation 2000): Asset Securitisation – Anwendbarkeit und Einsatzmöglichkeiten in deutschen Universalkreditinstituten. In: Schriftenreihe der Stiftung Kreditwirtschaft an der Universität Hohenheim, hrsg. von Heinrich von Stein, Bd. 8, Frankfurt am Main 2000, (WIWISB CC-7-268).

Bund, Stefan; Morlok, Markus (True-Sale-Verbriefungen 2005): True-Sale-Verbriefungen aus Sicht einer Rating-Agentur. In: ZfgK, 18/2005, S. 969-972, (BANK ZZ-953).

Bundesverband Deutscher Banken (Finanzmarktturbulenzen 2008): Lehren aus den Finanzmarktturbulenzen – Positionen des Bankenverbandes. Berlin 2008, abrufbar unter: http:// www.bankenverband.de/pic/artikelpic/042008/080407_BdBPositionen_v59.pdf (7.10.2009).

Cluse, Michael u. a. (Einführung 2005): Einführung in Basel II. In: Basel II – Handbuch zur praktischen Umsetzung des neuen Bankenaufsichtsrechts, hrsg. von Deloitte, Berlin 2005, S. 19-44, (BANK CC-7-338).

Cünnen, Andrea; Dörner, Astrid; Osman, Yasmin (Finanzkrise 2009): Finanzkrise nagt am Ergebnis. Abrufbar unter: http://www.handelsblatt.com/unternehmen/bankenversicherungen/ratingagenturen-finanzkrise-nagt-am-ergebnis;2474206 (12.11.2009).

David, Simone (Securitisation 2001): Securitisation – Verbriefung von Bankforderungen. Stuttgart 2001, (WIWISB CC-2c-737).

Deipenbrock, Gudula (Licht 2009): „Mehr Licht!"? Der Vorschlag einer europäischen Verordnung über Ratingagenturen. In: WM, 25/2009, S. 1165-1174, (DEJ DZ 1-32).

Deipenbrock, Gudula (Rechtsfragen 2005): Aktuelle Rechtsfragen zur Regulierung des Ratingwesens. In: WM, 6/2005, S. 261-268, (DEJ DZ 1-32).

Deuber, Andreas (Forfaitierung 1993): Rechtliche Aspekte der Forfaitierung. Diss. Universität St. Gallen 1993. Hallstadt 1993, (SULB H 81-2844).

Deutsche Bundesbank (Eigenkapitalregelungen 2006): Die Umsetzung der neuen Eigenkapitalregelungen für Banken in deutsches Recht. In: Monatsbericht Dezember 2006, S. 69-91, abrufbar unter: http://www.bundesbank.de/download/volkswirtschaft/monatsberichte/2006/200612bbk_mb.pdf (19.10.2009).

Deutsche Bundesbank (EU-Bankenrichtlinie 2009): Änderung der neu gefassten EU-Bankrichtlinie und der EU-Kapitaladäquanzrichtlinie sowie Anpassung der Mindestanforderungen an das Risikomanagement. In: Monatsbericht September 2009, S. 67-83, abrufbar unter: http://www.bundesbank.de/download/volkswirtschaft/monatsberichte/2009/200909mb_bbk.pdf (01.12.2009).

Deutsche Bundesbank (Grundsatz I 2001): Grundsatz I über die Eigenmittel der Institute – Bankrechtliche Regelungen 2a. Frankfurt am Main 2001, abrufbar unter: http://www.bundesbank.de/download/bankenaufsicht/pdf/grundsatzi.pdf (10.12.2009).

Deutsche Bundesbank (Instrumente 2004): Instrumente zum Kreditrisikotransfer: Einsatz bei deutschen Banken und Aspekte der Finanzstabilität. In: Monatsbericht April 2004, S. 27-45, abrufbar unter: http://www.bundesbank.de/download/volkswirtschaft/monatsberichte/2004/200404mb.pdf (01.12.2009).

Deutsche Bundesbank (Rahmenbedingungen 2006): Neue rechtliche und regulatorische Rahmenbedingungen für den deutschen Verbriefungs- und Pfandbriefmarkt. In: Monatsbericht März 2006, S. 37-61, abrufbar unter: http://www.bundesbank.de/download/volkswirtschaft/monatsberichte/2006/200603mb_bbk.pdf (03.01.2010).

Dittrich, Kurt; Schuff, Sascha (Vertragsgestaltungen 2005): Vertragsgestaltungen bei Asset Backed Securities und Credit Linked Notes. In: Handbuch Verbriefungen – In memoriam Dr. Ulrich Bosch († 2004), Syndikus Deutsche Bank AG, hrsg. von Dirk Auerbach und Jean-Claude Zerey, Berlin 2005, S. 285-318, (HSBPFO wirt 3.58 2006 491).

Dorendorf, Bettina; Wessendorf, Anne (Wertpapiere 2010): Strukturierte Wertpapiere. In: Bankaufsichtsrecht – Entwicklungen und Perspektiven, hrsg. von Simon Grieser und Manfred Heemann, Frankfurt an Main 2010, S. 877-914, (eigener Bestand).

Dürselen, Karl (Solvabilitätsverordnung 2010): Aufsichtsrechtliche Erfassung und Bewertung von Finanzinstrumenten in der Solvabilitätsverordnung. In: Bankaufsichtsrecht – Entwicklungen und Perspektiven, hrsg. von Simon Grieser und Manfred Heemann, Frankfurt an Main 2010, S. 379-409, (eigener Bestand).

Eickmann, Dieter (Kommentar 2009): § 1168 Verzicht auf die Hypothek. In: Münchener Kommentar zum Bürgerlichen Gesetzbuch, hrsg. von Franz Jürgen Säcker und Roland Rixecker, Bd. 6: Buch 3, Sachenrecht, Abschnitt 7. 5. Aufl., München 2009, (HSBPFO jur 7.11 2003 79-F(5)).

Emse, Cordula (Kreditinstitute 2005): Verbriefungstransaktionen deutscher Kreditinstitute – Eine Analyse alternativer Strukturvarianten und deren regulatorischer Erfassung nach Grundsatz I und Basel II. In: Schriftenreihe des european center for financial services, hrsg. von Hans Tietmeyer und Bernd Rolfes, Wiesbaden 2005, (WIWISB CC-2c-871).

Erber, Georg (Verbriefungen 2008): Verbriefungen: Eine Finanzinnovation und ihre fatalen Folgen. In: Wochenbericht DIW, 43/2008, S. 668-677, (WIWISB Z-936).

Everling, Oliver (Ratingverfahren 2005): Externe Ratingverfahren. In: Basel II – Handbuch zur praktischen Umsetzung des neuen Bankenaufsichtsrechts, hrsg. von Deloitte, Berlin 2005, S. 67-87, (BANK CC-7-338).

Fabozzi, Frank; Kothari, Vinod (Introduction 2008): Introduction to Securitization. In: The Frank J. Fabozzi series, hrsg. von Frank Fabozzi, Hoboken, New Jersey 2008, (UBHAGEN QBW-FABI).

Fachgremium ABS (Verbriefungstransaktionen 2007): Behandlung von Kündigungsrechten in Verbriefungstransaktionen vom 28.02.2007. Abrufbar unter: http://www.bundesbank.de/download/bankenaufsicht/pdf/kuendigungsrechte_verbriefungen.pdf (23.12.2009).

Fachgremium IRBA (Partial Use 2005): Partial Use, April 2005, abrufbar unter: http://www.bundesbank.de/download/bankenaufsicht/pdf/basel_partial_use.pdf (23.12.2009).

Fahrholz, Bernd (Unternehmensfinanzierung 1998): Neue Formen der Unternehmensfinanzierung – Unternehmensübernahmen, Big ticket-Leasing, Asset Backed- und Projektfinanzierungen – Die steuer- und haftungsrechtliche Optimierung durch Einzweckgesellschaften (Single Purpose Companies) dargestellt anhand von Beispielssachverhalten. München 1998, (FHZW B 510/31).

Franke, Ulrich (Gesundheitswesen 2008): Asset Securitization – Erfahrungen in den USA und anderen Ländern als Basis einer Abwägung von Einsatzmöglichkeiten in Deutschland. Wiesbaden 2008, (UBDO F 81497).

Freyaldenhoven, Thomas; Krahn, Jochen (Reformvorschläge 2009): Viele Reformvorschläge, ein Ziel: Stabilität. In: Bankmagazin, 7-8/2009, S. 26-29, (WIWISB ZZ-79).

Füser, Karsten; Stetter, Thorsten (Offenlegungsvorschriften 2007): Offenlegungsvorschriften nach der Solvabilitätsverordnung. In: SolvV – Aspekte der Umsetzung – Von Praktikern für Praktiker, hrsg. von Frank Romeike und Gerrit Jan von den Brink, Köln 2007, (BANK CC-2e-150).

Gaumert, Uwe (Grundsätze 2007): Grundsätze ordnungsgemäßen Ratings (GoR) – Organisation des Kreditgeschäfts unter Berücksichtigung der Vorgaben in SolvV und MaRisk. 2. Aufl., Köln 2007, (HSBPFO wirt 3.54 2008 720(2)).

Gehring, Babett (Asset-Backed Securities 1999): Asset-Backed Securities im amerikanischen und deutschen Recht. München 1999, (BANK CC-8-279).

Gehrmann, Volker; Haaf, Hermann (Forderungsverbriefungen 2004): Die Behandlung von Forderungsverbriefungen unter Basel II. In: Handbuch Bankenaufsichtliche Entwicklungen – MaH, Grundsatz I, MaK, MaIR, Basel II, hrsg. von Axel Becker, Walter Gruber und Dirk Wohlert, Stuttgart 2004, S. 457-502, (BANK CC-2c-860).

Gerth, Volker (Verbriefungen 2008): Kapitel 6. Verbriefungen. In: Kreditwesengesetz – Kommentar zu KWG und Ausführungsvorschriften, hrsg. von Karl-Heinz Boos, Reinfrid Fischer und Hermann Schulte-Mattler, 3. Aufl., München 2008, S. 2097-2244, (BANK CC-7-267:3).

Gisdakis, Philip (Kreditportfolio-Tranchierung 2008): Kreditportfolio-Tranchierung: Einfache Einsichten in ein komplexes Problem. In: Risiko-Manager, 11/2008, S. 6-12, abrufbar unter: http://www.risiko-manager.com/index.php?id=161 (25.11.2009).

Glüder, Dieter; Ranné, Omar (Förderbank 2004): Der Nutzen von Kreditderivaten aus Sicht einer Förderbank. In: Handbuch Verbriefungen – In memoriam Dr. Ulrich Bosch († 2004), Syndikus Deutsche Bank AG, hrsg. von Dirk Auerbach und Jean-Claude Zerey, Berlin 2005, S. 79-104, (HSBPFO wirt 3.58 2006 491).

Grünberger, David; Klein, Heiner (Offenlegung 2008): Offenlegung im Bankabschluss – Basel II Säule 3 und IFRS: Synergien und Praxishinweise, Herne 2008, (WÜLB 58/17003).

Hakenberg, Michael (Forfaitinggeschäft 2009): Das Forfaitinggeschäft. In: Handelsgesetzbuch, hrsg. von Detlev Joost und Lutz Strohn, Bd. 2: Bank- und Börsenrecht. 2. Aufl., München 2009, Rn. V36-V55, abrufbar unter: http://www.beck-online.de (19.10.2009).

Hartmann-Wendels (Subprime-Krise 2008): Die Subprime-Krise: Die Rolle von Forderungsverbriefungen. In: FLF, 6/2008, S. 252-256, (WIWISB ZZ-835).

Hartmann-Wendels, Thomas (Aufsichtsdefizite 2007): Bestehen Aufsichtsdefizite im Bankensektor? In: Wirtschaftsdienst, 10/2007, S. 640-643, (WIWISB Z-915).

Hartmann-Wendels, Thomas (Finanzmarktkrise 2009): Finanzmarktkrise und Bankenaufsicht. In: WISU, 4/2009, S. 541-547, (WIWISB ZZ-927).

Hartmann-Wendels, Thomas; Pfingsten, Andreas; Weber, Martin (Bankbetriebslehre 2007): Bankbetriebslehre. 4. Aufl., Berlin, Heidelberg, New York 2007, (REFI CC-1-247:4).

Hartschuh, Thomas; Grimm, Simon; Haider, Andreas (Kreditportfoliosteuerung 2007): Kreditportfoliosteuerung mittels Verbriefungen und Kreditderivaten. In: Aktuelle Entwicklungen und Fragestellungen in der Banksteuerung, hrsg. von Henner Schierenbeck und Stefan Kirmße. In: Managementreihe des zeb, hrsg. von Stefan Kirmße u. a., Bd. 1. Frankfurt am Main 2007, S. 245-257, (UBKA wirt 3.57/2008 A1).

Hastenpflug, Wolfgang (Securitizationsphänomen 1991): Das Securitizationsphänomen. Wiesbaden 1991, (HSBPFO wirt 3.54 38929).

Häuselmann, Holger; Hechler, Judith (Besteuerung 1999): Die Besteuerung ausländischer ABS-Vehikel in Deutschland. In: IStR, 1/1999, S. 33-37, (WIWISB ZZ-686).

Heinke, Eberhard (3-Säulen-Konzept 2002): Das Baseler 3-Säulen-Konzept und die Rolle der dezentralen Bankenaufsicht. In: Basel II – Das neue Aufsichtsrecht und seine Folgen – Beiträge zum Duisburger Banken-Symposium, hrsg. von Hans Tietmeyer und Bernd Rolfes. In: Schriftenreihe des european center for financial services, hrsg. von Hans Tietmeyer und Bernd Rolfes, Wiesbaden 2002, S. 1-12, (BANK CC-7-296).

Heinrich, Markus; Grützemacher, Thomas (Kreditpooling 2005): Instrumente für das Mangement des Kreditrisikos – Kreditpooling im Verbund erweist sich als sehr effektiv. In: Betriebswirtschaftliche Blätter, 7/2005, S. 384-390, (WIWISB ZZ-107).

Heldt, Cordula (Kreditportfolios 2009): Verbriefung von Kreditportfolios. Abrufbar unter: http://wirtschaftslexikon.gabler.de/Archiv/16281/verbriefung-von-kreditportfolios-v4.html (15.10.2009).

Helwig, Christian (Eigenkapitalvereinbarung 2002): Das zweite Konsultationspapier der Neuen Basler Eigenkapitalvereinbarung. In: Handbuch des Risikomanagements – Analyse, Quantifizierung und Steuerung von Markt-, Kredit- und operationellen Risiken, hrsg. von Roland Eller, Walter Gruber und Markus Reif, 2. Aufl., Stuttgart 2002, S. 77-101, (BANK CC-2e-62:2).

Hofmann, Bernd (Eigenmittelanforderungen 2007): Risikosensitive Ausgestaltung regulatorischer Eigenmittelanforderungen: eine kritische Analyse des auf internen Ratings basierenden Ansatzes. In: Handbuch Solvabilitätsverordnung – Eigenkapitalunterlegung von Markt-, Kredit- und Operationellem Risiko, hrsg. von Torsten Cramme u. a., Stuttgart 2007, S. 97-111, (BANK CC-2d-204).

Hofmann, Gerhard (Finanzmarktstabilität 2007): Auswirkungen von Verbriefungen auf die Finanzmarktstabilität. In: ZfgK, 17/2007, S. 904-905, (BANK ZZ-953).

Hofmann, Gerhard; Morck, Thomas; Reichardt-Petry, Karin (Verbriefungen 2007): Die Behandlung von Verbriefungen nach Basel II. In: Basel II und MaRisk – Regulatorische Vorgaben, bankinterne Verfahren, Risikomanagement, hrsg. von Gerhard Hofmann, Frankfurt am Main 2007, S. 235-265, (BANK CC-2e-143).

Hofmann, Katja (Verbriefungen 2009): Kapitel 6. Verbriefungen. In: Kreditwesengesetz (KWG) – Kommentar zum KWG inklusive SolvV, LiqV, GroMiKV, MaRisk, hrsg. von Günther Luz u. a., Stuttgart 2009, S. 1681-1800, (DEJ KV 18-683).

IDW (Bilanzierung 2001): Entwurf IDW Stellungnahme zur Rechnungslegung: Zweifelsfragen der Bilanzierung von asset-backed-securities-Gestaltungen oder ähnlichen securitisation-Transaktionen (IDW ERS HFA 8). In: WPg, 23/2001, S. 1398-1402, (WI-WISB ZZ 930).

Kaiser, Thomas; Kasprowicz, Thilo (Reduzierung 2007): Effektive Reduzierung operationeller Risiken durch Versicherungen – betriebswirtschaftliche Rahmenbedingungen. In: ZfgK, 7/2007, S. 331-333, (BANK ZZ-953).

Käufer, Anke (Übertragung 2009): Übertragung finanzieller Vermögenswerte nach HGB und IAS 39 – Ein kritischer Vergleich unter besonderer Berücksichtigung der bilanziellen Behandlung von Factoring, Fortfaitierung, ABS-Transaktionen, Pensionsgeschäften und Wertpapierleihen. In: Bilanz-, Prüfungs- und Steuerwesen, hrsg. von Karlheinz Küting, Claus-Peter Weber und Heinz Kußmaul, Bd. 15. Berlin 2009, (SULB H 2009-592).

Kern, Marco (Kreditderivate 2003): Kreditderivate – Chancen auf dem Markt für Bonitätsrisiken. Wiesbaden 2003, (REFI CC-7-318).

Kern, Marco (Kreditrisikotransfer 2008): Kapitalmarktorientierter Kreditrisikotransfer – eine Analyse am Beispiel deutscher Genossenschaftsbanken. Wiesbaden 2008, (UB-HOHEN 4520/212).

Kerschkamp, Jeanne (Verbriefungstransaktionen 2005): Deutsche Verbriefungstransaktionen aus Sicht der Ratingagentur(en). In: Handbuch Verbriefungen – In memoriam Dr. Ulrich Bosch († 2004), Syndikus Deutsche Bank AG, hrsg. von Dirk Auerbach und Jean-Claude Zerey, Berlin 2005, S. 57-77, (HSBPFO wirt 3.58 2006 491).

KfW-Bankengruppe (Promise o. J.): PROMISE & PROVIDE – Strukturelle Übersicht. Abrufbar unter: http://www.kfw.de/DE_Home/Kreditverbriefung/Verbriefungsplattformen_der_KfW/index.jsp (16.11.2009).

KfW-Bankengruppe (Verbriefungsmarkt 2009): Europäischer Verbriefungsmarkt. Abrufbar unter: http://www.kfw.de/DE_Home/Kreditverbriefung/Europaeischer_Verbriefungsmarkt/index.jsp (22.11.2009).

Knippschild, Martin; Ewald, Oliver (Risikokapitalsteuerung 2007): Bankinterne Risikokapitalsteuerung vor dem Hintergrund von Basel II: Anforderungen der Säule 2. In: zfbf, Sonderheft 57/2007 – Gesamtbanksteuerung und Bankcontrolling: Portfoliomanagement, Verbriefungen und MaRisk, hrsg. von Joachim Neupel, Bernd Rudolph und Lutz Hahnenstein, Düsseldorf 2007, S. 235-261, (BANK CC-2e-151).

Knops, Kai-Oliver (Anlegerschutz 2008): Anlegerschutz im Anleihemarkt – insbesondere bei der Verbriefung von Kreditforderungen. In: BB, 47/2008, S. 2535-2540, (WIWISB ZZ-100).

Knops, Kai-Oliver (Kreditnehmerschutz 2008): Kreditnehmerschutz bei der Verbriefung von Forderungen. In: WM, 47/2008, S. 2185-2194, (DEJ DZ 1-32).

Kothari, Vinod (Securitization 2006): Securitization – The Financial Instrument of the Future. Hoboken, NJ; Weinheim [u.a.] 2006, (WUPP 47 pro 3647+1).

Kottmann, Alexander; Lotz, Ulrich; Müller, Birgit (Securitisation 2005): Securitisation und Behandlung von ABS-Transaktionen. In: Basel II – Handbuch zur praktischen Umsetzung des neuen Bankenaufsichtsrechts, hrsg. von Deloitte, Berlin 2005, S. 293-327, (BANK CC-7-338).

KPMG (Finanzinstitute 2009): Basel II.5 – Was kommt auf die Finanzinstitute zu? Vom 27. Mai 2009, abrufbar unter: http://www.kpmgnews.ch/melin/fvault/common/BaselIIFRMKPMGnews.pdf (04.01.2010).

Krahnen, Jan Pieter (Kreditrisiken 2005): Der Handel von Kreditrisiken: Eine neue Dimension des Kapitalmarktes. In: PWP, 4/2005, S. 499-519, (WIWISB Z-843).

Krämer, Gregor (Konzeption 2004): Entstehung und Konzeption von Basel II - ein Überblick. In: StB, 8/2004, S. 298-301, (WIWISB ZZ-813).

Krämer, Gregor (Ziele 2000): Ziele, Adressaten und Risiken der Bankenaufsicht. Aachen 2000, (BANK CC-2c-719).

Krämer, Werner (Investments 2005): Traditionelle und nicht-traditionelle Investments. In: Praktiker-Handbuch Alternatives Investmentmanagement – Hedge-Funds, Asset-Allocation, Quantitative Methoden, hrsg. von Dietmar Peetz, Stuttgart 2005, S. 156-241, (FHZW B 951/94).

Kürn, Christoph (Mortgage-Backed Securities 1997): Mortgage-Backed Securities – Rechtliche Voraussetzungen und Hindernisse. Diss. Universität Konstanz 1997, (SULB H 82-1004).

Kundisch, Dennis u. a. (Gesamtbanksteuerung 2008): Ökonomische Gesamtbanksteuerung mit Basel II-Daten: Eine exemplarische Untersuchung anhand der Kreditrisiken. In: FB, 6/2008, S. 456-467, (BANK ZZ-760).

Kunze, Britta (Überwachung 2007): Überwachung operationeller Risiken bei Banken – Interne und externe Akteure im Rahmen qualitativer und quantitativer Überwachung. Wiesbaden 2007, abrufbar unter: http://www.springerlink.com/content/m18362/ (05.12.2009).

Langer, Christof; Steinmüller, Werner (True-Sale-Initiative 2009): Fünf Jahre TSI – die True-Sale-Initiative im Spiegelbild der Verbriefungsmärkte. In: ZfgK, 19/2009, S. 952-955, (BANK ZZ-953).

Lindemann, Alexander; Schlikker, Guido; Omar, Sami (Verbriefungen 2009): Verbriefungen Made in Germany – Lösung für die Liquiditätskrise? In: FR, 15/2009, S. 711-718, (WIWISB ZZ-285).

Lützow, Sebastian; Abel, Volker (Abbildung 2007): Die Abbildung von Verbriefungen und Kreditderivaten nach Basel II. In: Aktuelle Entwicklungen und Fragestellungen in der Banksteuerung, hrsg. von Henner Schierenbeck und Stefan Kirmße. In: Managementreihe des zeb, hrsg. von Stefan Kirmße u. a., Bd. 1. Frankfurt am Main 2007, S. 281-257-296, (UBKA wirt 3.57/2008 A1).

Mader, Wolfgang; Miehle, Christian (Basel II 2006): Basel II – Mindestkapitalanforderungen: Alternativen bei der Unterlegung von Verbriefungen. In: ZfgK, 5/2006, S. 232-237, (BANK ZZ-953).

Maeting, Susanne (Stresstests 2006): Die Konzeption von Stresstests nach dem Baseler Akkord. In: Stresstests in Banken – Von Basel II bis ICAAP, hrsg. von Kai-Oliver Klauck und Claus Stegmann, Stuttgart 2006, S. 1-10, (WIWISB CC-2e-142).

Malte, Richter (Regulierung 2010): Regulierung und Beaufsichtigung von Ratingagenturen. In: Bankaufsichtsrecht – Entwicklungen und Perspektiven, hrsg. von Simon Grieser und Manfred Heemann, Frankfurt an Main 2010, S. 519-540, (eigener Bestand).

Martinek, Michael; Oechsler, Jürgen (Forfaitinggeschäft 2007): § 103. Das Forfaitinggeschäft. In: Bankrechts-Buch, hrsg. von Herbert Schimansky, Hermann-Josef Bunte und Hans-Jürgen Lwowski, Bd.2, 3. Abschnitt: Einlagen- u. Kreditgeschäft, 18. Kapitel. 3. Aufl., München 2007, Rn. 1-41, (BANK CC-2c-726:3 II).

Mestre, Guido del (Rating-Leitfaden 2005): Rating-Leitfaden – mit Powerrating zum Erfolg. 3. Aufl., Köln 2005, (WIWISB CC-2c-742:3).

Morkötter, Stefan; Westerfeld, Simone (Ratingagenturen 2008): Asset Securitisation: Die Geschäftsmodelle von Ratingagenturen im Spannungsfeld einer Principal-Agent-Betrachtung. In: ZfgK, 9/2008, S. 393-396, (BANK ZZ-953).

Müller, Frank (Kreditderivate 2000): Kreditderivate und Risikomanagement. In Banking & Finance aktuell, hrsg. von Bankakademie-Verlag GmbH., Bd. 3, Frankfurt am Main 2000, (BANK CC-7-283).

Nirk, Rudolf (Kreditwesengesetz 2008): Das Kreditwesengesetz – Einführung und Erläuterungen für den Praktiker. 13. Aufl., Frankfurt am Main 2008, (BANK BJ-1060:13).

Norden, Lars; Weber, Martin (Bewertung 2005): Möglichkeiten und Grenzen der Bewertung von Ratingsystemen durch Markt und Staat. In: zfbf, Sonderheft 52/2005 – Aktuelle Entwicklungen im Bankcontrolling: Rating, Gesamtbanksteuerung und Basel II, hrsg. von Joachim Neupel, Bernd Rudolph und Lutz Hahnenstein, Düsseldorf 2005, S. 31-54, (FHZW B 953/21).

o. V. (Anschub 2009): Staatlicher Anschub für Verbriefungsmarkt – Garantien der KfW sollen das Segment wiedererwecken – Wirtschaft erinnert Banken an ihre Pflichten. In: Börsen-Zeitung, Nr. 232 vom 02.12.2009, S. 3.

o. V. (Finanzmarktkrise 2008): Finanzmarktkrise – Interview mit Herrn Professor Dr. Hartmut Bieg. Abrufbar unter: http://www2.nwb.de/portal/content/ir/downloads/178464/Interview_Bieg.pdf (01.11.2009).

o. V. (Hilfen 2009): Merkel stellt konkrete Hilfen gegen Kreditklemme in Aussicht. In: Börsen-Zeitung, Nr. 233 vom 03.12.2009, S. 1.

o. V. (Massenherabstufung 2008): S&P schockiert mit Massenherabstufung. In: FAZ, Nr. 27 vom 01.02.2008, S. 21.

o. V. (Risikomanagement 2009): Risikomanagement muss erheblich besser werden – BaFin will „aggressiver“ vorgehen. In: Börsen-Zeitung, Nr. 221 vom 17.11.2009, S. 4.

Oettke, Karl (Bankwirtschaft 2009): Die Aufgabe der Bankwirtschaft – einige aktuelle Thesen. In: ZfgK, 18/2009, S. 879-882, (BANK ZZ-953).

Paul, Stephan (Basel II 2007): Basel II im Überblick. In: Basel II und MaRisk – Regulatorische Vorgaben, bankinterne Verfahren, Risikomanagement, hrsg. von Gerhard Hofmann, Frankfurt am Main 2007, S. 5-65, (BANK CC-2e-143).

Paul, Stephan (Rolle 2007): Keine Rolle rückwärts in der Bankenaufsicht! In: Wirtschaftsdienst, 10/2007, S. 644-647, (WIWISB Z-915).

Paul, Stephan; Stein, Stefan (Rating 2002): Rating, Basel II und die Unternehmensfinanzierung. Köln 2002, (BANK CC-7-290).

Peetz, Dietmar (Einleitung 2005): Einleitung. In: Praktiker-Handbuch Alternatives Investmentmanagement – Hedge-Funds, Asset-Allocation, Quantitative Methoden, hrsg. von Dietmar Peetz, Stuttgart 2005, S. 1-31, (FHZW B 951/94).

Pfingsten, Andreas (Bankensektor 2007): Sollte der Bankensektor stärker reguliert werden? In: Wirtschaftsdienst, 10/2007, S. 635-640, (WIWISB Z-915).

Poppel, Michael (Kreditderivate-Indizes 2005): Tranchierte Kreditderivate-Indizes und abgeleitete Strategien im Risikomanagement. In: ZfgK, 22/2005, S. 1264, (BANK ZZ-953).

Pörschke, Frank (Immobilienbanken 2009): Immobilienbanken bleiben wichtige Stütze der Volkswirtschaft – Doch sie müssen ihr Geschäftsmodell anpassen – Von den bisherigen Aktivitäten gilt es die Glut und nicht die Asche zu bewahren. In: Börsen-Zeitung, Sonderbeilage, Nr. 190 vom 03.10.2009, S. B3-B5.

PricewaterhouseCoopers (Anforderungen 2009): Verbriefungen bei Kreditinstituten – Gegenüberstellung der Anforderungen nach Basel II und IFRS. 2009, abrufbar unter: http://www.pwc.de/fileserver/RepositoryItem/Verbrief_Kreditinstituten-Anforderungen_nach_Basel_II_und_IFRS.pdf?itemId=4891268 (08.10.2009).

PricewaterhouseCoopers (Verbriefung 2009): Verbriefung Basel II. 2009, abrufbar unter: http://www.pwc.de/fileserver/RepositoryItem/Basel%20II_Solv0608.pdf?itemId=6226345 (11.12.2009).

Reif, Franz; Schäl, Ingo; Weingessel, Andreas (Kreditrisiken 2006): Abgrenzung von Kreditrisiken und operationellen Risiken im Rahmen der Gesamtbanksteuerung. In: Bankarchiv, 4/2006, S. 278-284, (BANK ZZ-591).

Richter, Malte (Ratings 2008): Ratings oder Credit Spreads – mögliche Anknüpfungspunkte für eine Kapitalmarktregulierung. In: WM, 21/2008, S. 960-966, (DEJ DZ 1-32).

Richtlinie 2006/48/EG vom 14. Juni 2006 über die Aufnahme und Ausübung der Tätigkeit der Kreditinstitute (Neufassung) (Bankenrichtlinie 2006). In Amtsblatt der EG Nr. L 177 vom 30.06.2006, S. 1-200.

Richtlinie 2009/111/EG des Europäischen Parlaments und des Rates vom 16. September 2009 zur Änderung der Richtlinien 2006/48/EG, 2006/49/EG und 2007/64/EG hinsichtlich Zentralorganisationen zugeordneter Banken, bestimmter Eigenmittelbestandteile, Großkredite, Aufsichtsregelungen und Krisenmanagement. In: Amtsblatt der EU Nr. L 302 vom 17.11.2009, S. 97-119.

Ricken, Stephan (Verbriefung 2008): Verbriefung von Krediten und Forderungen in Deutschland – Betriebswirtschaftliche Handlungshilfen. In: Edition der Hans-Böckler-Stiftung, Bd. 213. Düsseldorf 2008, (UBHOHEN 4520/209).

Rinze, Jens Peter; Klüwer, Arne Cornelius (Securitisation 1998): Securitisation – praktische Bedeutung eines Finanzierungsmodells. In: BB, 34/1998, S. 1697-1704, (WIWISB ZZ-100).

Rittinghaus, Hans-Rudolf; Makowka, Thomas; Hellmann, Ursula (Transaktionen 1997): Asset Backed Securities Transaktionen für deutsche Kreditinstitute. In: Sparkasse, 3/1997, S. 133-140, (BANK ZZ-795).

Rose, Markus (Überarbeitung 2009): Vorschläge des Baseler Ausschusses zur Überarbeitung des Basel II-Regelwerks. Abrufbar unter: http://www.1plusi.de/dokumente/1_plus_i_fachbeitrag_basel2_verbrief_verbess21 (14.01.2010).

Rosenfeld, Klaus; Ziese, Stefan (Mittelstandsfinanzierung 2006): ABS und Mittelstandsfinanzierung. In: ZfgK, 19/2006, S. 1058-1060, (BANK ZZ-953).

Rother, Sandra (Mittelstands-CDOs 2006): Mittelstands-CDOs – Muntermacher für den ABS-Markt? In: ZfgK, 19/2006, S. 1061-1064, (BANK ZZ-953).

Rudolph, Bernd (Marktsegment 2005): Tranchierte Mezzanine-Fonds: Neues Marktsegment in der Mittelstandsfinanzierung? In: BB, Beilage 15/2005, S. 15-19, (WIWISB ZZ-100).

Rudolph, Bernd (Risikotransferinstrumente 2005): Risikotransferinstrumente und Unternehmensfinanzierung. In: zfbf, März 2005, S. 176-181, (WIWISB ZZ-963).

Rudolph, Bernd u. a. (Kreditrisikotransfer 2007): Kreditrisikotransfer – Moderne Instrumente und Methoden. Berlin, Heidelberg, New York 2007, (BANK CC-7-391).

Rudolph, Bernd; Scholz, Julia (Pooling 2007): Pooling und Tranching im Rahmen von ABS-Transaktionen. In: Bankarchiv, 7/2007, S. 538-548, (WIWISB ZZ-591).

Schäfer, Dorothea (Kreditverbriefungen 2008): Kreditverbriefungen: Nicht alle Eier in einen Korb legen. In: Wochenbericht DIW, 43/2008, S. 686, (WIWISB Z-936).

Schauff, Joachim; Stellmacher, Tobias (Process 2005): Der Supervisory Review Process. In: Basel II – Handbuch zur praktischen Umsetzung des neuen Bankenaufsichtsrechts, hrsg. von Deloitte, Berlin 2005, S. 567-587, (BANK CC-7-338).

Schiller, Bettina; Boer, Elke; Fahrmeyer, Christian (Kredithandel 2009): Der unverbriefte Kredithandel – Eine mögliche Antwort auf die aktuelle Vertrauenskrise? In: FB, 10/2009, S. 575-580, (BANK ZZ-760).

Schuh, Dirk; Kebbel, Gerhard (Bewertungsansätze 2009): Bewertungsansätze für Asset Backed Securities (ABS) bei illiquiden Märkten – Zusammenführung der Marktrisiko- und Kreditrisikoperspektive in einem pragmatischen Lösungsweg. In: BP, 2/2009, S. 56-63, (WIWISB ZZ-875).

Schulte-Mattler, Hermann; Dürselen, Karl (Weiterentwicklung 2009): Weiterentwicklung der europäischen Bankenaufsicht. In: Die Bank, 9/2009, S. 56-60, (BANK ZZ-73).

Schultz, Florian (Special Purpose Vehicle 2001): Das Special Purpose Vehicle – wirtschaftliche Besonderheiten und offene Rechtsfragen. In: Gesellschaftrecht, Rechnungslegung, Steuerrecht – Festschrift für Welf Müller zum 65. Geburtstag, hrsg. von Peter Hommelhoff und Roger Zätzsch und Bernd Erle, München 2001, S. 705-730, (UBMANN 2009 BA 2357).

Schwaiger, Walter; Lawrenz, Jochen (Bank 2002): Standard- versus IRB-Ansatz: Auswirkungen auf die Bank Deutschland. In: ZfgK, 3-4/2002, S. 147-152, (BANK ZZ-953).

Sievers, Maren (Kreditderivate 2009): Kreditderivate – Gestaltungsmöglichkeiten, bankenaufsichtsrechtliche Behandlung und der Handel mittelständischer Kreditrisiken. In: Wettbewerb und Regulierung von Märkten und Unternehmen, hrsg. von Justus Haucap u. a., Bd. 9, Baden-Baden 2009, (SULB H 2009-498).

Söhlke, Thomas (Erfassung 2002): Regulatorische Erfassung des Kreditrisikos – Eine theoretische und empirische Analyse der Auswirkungen von Basel II auf Basis des zweiten Konsultationspapiers. In: Schriftenreihe des european center for financial services, hrsg. von Hans Tietmeyer und Bernd Rolfes, Wiesbaden 2002, (BANK CC-8-326).

Sopp, Guido (IFRS 2010): IFRS im Bankenaufsichtsrecht – Einflüsse auf Eigenmittel, Risikopositionen und Konsolidierungsfragen. In: Schriftenreihe Internationale Rechnungslegung, hrsg. von Verlag Dr. Kovac, Bd. 18. Hamburg 2010, (WIWISB CC-2d-215).

Steiner, Manfred; Miehle, Christian; Mader, Wolfgang (Mindestkapitalanforderungen 2005): Mindestkapitalanforderungen für Asset Backed Securities unter Basel II. In: Die Unternehmung, 6/2005, S. 469-488, (WIWISB ZZ-860).

Stellungnahme des Europäischen Wirtschafts-und Sozialausschusses zum Thema „Ratingagenturen" (2009/C 277/25) vom 17. November 2009. In: Amtsblatt der EU Nr. C 277 vom 17.11.2009, S. 117-124.

Stenner, Frank (Autoindustrie 2009): Die Bedeutung der Verbriefung für die deutsche Autoindustrie. In: ZfgK, 19/2009, S. 956-959, (BANK ZZ-953).

Steurer, Stefan (Rückenwind 2006): Rückenwind für ABS. In: Die Bank, 9/2006, S. 36-39, (BANK ZZ-73).

Struffert, Ralf (Asset Backed Securities-Transaktionen 2006): Asset Backed Securities-Transaktionen und Kreditderivate nach IFRS und HGB. In: Forschungsreihe Rechnungslegung und Steuern, hrsg. von Christoph Watrin. Wiesbaden 2006, (SULB H 2007-803).

Syring, Johanna; Thelen-Pischke, Hiltrud (Aufarbeitung 2008): Regulatorische Aufarbeitung der Subprime-Krise. In: ZfgK, 18/2008, S. 906-910, (BANK ZZ-953).

Teille, Karl; Heeren, Georg (Effizienz 2009): Business-Intelligence-Applikationen – Effizienz im Verbriefungsgeschäft. In: Die Bank, 8/2009, S. 30-33, (WIWISB ZZ-73).

Thelen-Pischke, Hiltrud (Konsolidierung 2009): Dauerbrenner – aufsichtsrechtliche Konsolidierung aller Arten von Zweckgesellschaften? In: ZfgK, 19/2009, S. 940-941, (BANK ZZ-953).

Tolkschmitt, Volker (Bankbetriebslehre 2007): Neue Bankbetriebslehre – Basiswissen zu Finanzprodukten und Finanzdienstleistungen. 2. Aufl., Wiesbaden 2007, (SULB 2007-8404).

Träm, Michael (Bankenaufsicht 2006): Neue Entwicklungen der staatlichen Bankenaufsicht in Deutschland und den USA sowie der Einfluß von Basel II. In: Europäische Hochschulschriften – Reihe II Rechtswissenschaft, hrsg. von Peter Lang, Bd. 4353. Frankfurt am Main 2006, (SULB H 2006-459).

TSI-GmbH (Wasserfall-Prinzip o. J.): Das Wasserfall-Prinzip. Abrufbar unter: http://www.tsi-gmbh.de/abs-im-ueberblick/wasistabs/wasserfallprinzip.html (20.11.2009).

Verordnung (EG) Nr. 1060/2009 des Europäischen Parlaments und des Rates vom 16. September 2009 über Ratingagenturen. In: Amtsblatt der EU Nr. L 302 vom 17.11.2009, S. 1-31.

Vorschlag für eine Verordnung des Europäischen Parlaments und des Rates über Ratingagenturen vom 12. November 2008 (KOM (2008) 704 endgültig – 2008/0217 (COD)). Abrufbar unter: http://ec.europa.eu/internal_market/securities/docs/agencies/proposal_de.pdf (27.12.2009).

Walkowiak, Anke (Verbriefungen 2005): Verbriefungen in Basel II. In: Praktiker-Handbuch Basel II – Kreditrisiko, operationelles Risiko, Überwachung, Offenlegung, hrsg. von Axel Becker, Markus Gaulke und Martin Wolf, Stuttgart 2005, S. 133-186, (BANK CC-7-341).

Waschbusch, Gerd (Bankenaufsicht 2000): Bankenaufsicht – Die Überwachung der Kreditinstitute und Finanzdienstleistungsinstitute nach dem Gesetz über das Kreditwesen. In: Lehr- und Handbücher zu Geld, Börse, Bank und Versicherung, hrsg. von Guido Eilenberger, München, Wien, Oldenbourg 2000, (SULB 02/QK 950 W312).

Waschbusch, Gerd (Unternehmungsfinanzierung 1998): Asset Backed Securities – eine moderne Form der Unternehmungsfinanzierung. In: ZBB, 6/1998, S. 408-419, (WIWISB ZZ-941).

Waschbusch, Gerd; Druckenmüller, Jens; Staub, Nadine (Mittelstandsfinanzierung 2009): Mittelstandsfinanzierung: Externe und interne Ratings – Auswirkungen auf die Finanzierungssituation mittelständischer Unternehmen (Teil I). In: StB, 8/2009, S. 275-280, (WIWISB ZZ-813).

Weber, Thorsten (Risikotransfer 2006): True Sale und synthetischer Risikotransfer für Performing- und Non-Performing-Loans. In: Diskussionsbeiträge zur Bankbetriebslehre, hrsg. von Thomas Heidorn, Heinz Cremers und Jürgen Moormann, Bd. 27. Frankfurt am Main 2006, (Bank CC-8-423).

Weiß, Stefan (Kreditrisiko-Standardansatz 2007): Der Kreditrisiko-Standardansatz (KSA) – Ansatz zur Ermittlung der Eigenkapitalanforderungen nach der neuen Solvabilitätsverordnung. In: Handbuch Solvabilitätsverordnung – Eigenkapitalunterlegung von Markt-, Kredit- und Operationellem Risiko, hrsg. von Torsten Cramme u. a., Stuttgart 2007, S. 59-82, (BANK CC-2d-204).

Wieben, Hans-Jürgen (Risikomanagement 2004): Credit Rating und Risikomanagement – Vergleich und Weiterentwicklung der Analysekonzepte. Wiesbaden 2004, (SULB 2005-7604).

Wiedemann, Arnd (Risikotriade 2004): Risikotriade – Zins-, Kredit- und operationelle Risiken. In: competence center finanz- und bankmanagement, hrsg. von Arnd Wiedemann, Bd. 4, Frankfurt am Main 2004, (FHZW B 957/49a).

Wöhe, Günter (Betriebswirtschaftslehre 2008): Einführung in die Allgemeine Betriebswirtschaftslehre. 23. Aufl., München 2008, (BLI BA-1-215:23).

Wulfken, Jörg; Weller, Michael (Finanzierungsform 1992): Securitisation als neue Finanzierungsform. In: Die Bank, 11/1992, S. 644-647, (BANK ZZ-73).

Zeitler, Franz-Christoph (Bankenaufsicht 2010): Rolle der Bankenaufsicht in der Finanzmarktkrise. In: Bankaufsichtsrecht – Entwicklungen und Perspektiven, hrsg. von Simon Grieser und Manfred Heemann, Frankfurt an Main 2010, S. 3-15, (eigener Bestand).